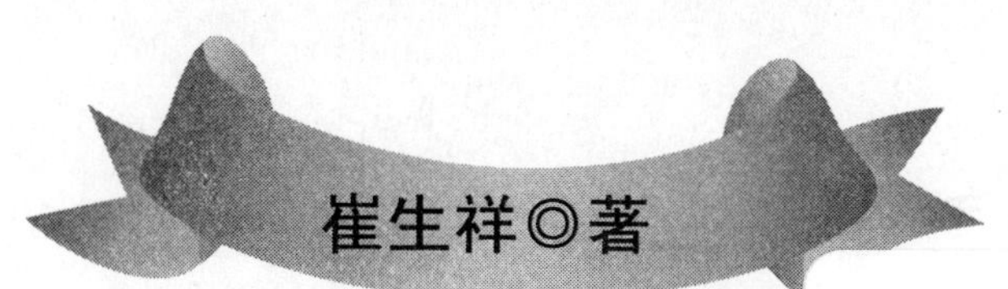


U0901541

# 全国职工素质教育读本

企业的竞争靠人才，个人的竞争凭素质。

中国商业出版社

**图书在版编目(CIP)数据**

全国职工素质教育读本/ 崔生祥著.
—北京 ：中国商业出版社，2012.4
ISBN 978-7-5044-7628-9

Ⅰ. ①全… Ⅱ. ①崔… Ⅲ. ①职工教育－中国－学习参考资料 Ⅳ. ①G726

中国版本图书馆 CIP 数据核字(2012)第 065070 号

责任编辑：刘毕林

中国商业出版社出版发行
010－63180647 www.c - cbook.com
(100053　北京广安门内报国寺 1 号)
新华书店总店北京发行所经销
北京绿谷春印刷有限公司印刷
*
710×1000 毫米　16 开　13.25 印张　240 千字
2013 年 2 月第 1 版　2013 年 2 月第 1 次印刷
定价：32.00 元
* * * *
(如有印装质量问题可更换)

# 前言

当今世界，如果说科技是第一生产力，人才是第一资源的话，那么，素质就是第一竞争力。不论对于个人，对于组织，对于企业，对于国家，莫不如此。近年来，随着世界竞争的加剧，企业以至国家竞争的焦点早已从资金的竞争、技术的竞争转向了人才的竞争、素质的竞争。职工素质已经成为决定企业成败、社会发展和国家兴盛的关键所在。

所谓素质，就是人们在思想、知识、才能等方面具备的基本条件以及在思想上、工作上、生活上表现出来的态度和行为，是一定的思想观念、知识技术、工作态度、工作能力、身体状况等在人们行动上的综合反映，包括一个人的才智、知识、能力和内在的涵养及道德的力量。

一个人的素质决定一个人的能力，决定一个人的前途；一个企业的素质则会决定一个企业的未来；一个国家、一个社会也是如此。广大职工作为社会经济建设的中坚力量，不仅是推动企业发展壮大的重要力量，也是社会主义经济建设的主力军，职工素质的高低直接影响甚至决定着企业素质的高低、国家竞争力的强弱和社会经济发展的实力。职工素质越高，能力越强，企业效率就越高，发展的速度就越快，竞争力也就越强，国家经济实力也会相应提高，经济繁荣，社会发展；职工素质也是开辟个人前途的利器，只有高素质的职工才具备过人的能力、超强的才干，才能在自己的岗位上如鱼得水，表现非凡，为自己铸就辉煌的前途和光明的未来。

可见，不论对于职工个人、还是企业甚至国家，要想在激烈的竞争中立于不败，抢得先机，赢得胜利，提高素质都至关重要。只有切实提高广大职工素质，全力打造一支高素质、高能力的职工队伍，才能保证广大职工全面发展，在各自的岗位上施展自己的才华，实现自己的理想；才能保证企业不断向前发展，在激烈的全球化竞争中取得一席之地；才能保障社会主义经济建设的顺利推进，实现中华民族的伟大复兴。

由中华全国总工会发起并开展实施的“全国职工素质建设工程”，正是顺应当前职工素质建设的需要、促进经济建设进一步发展、推动社会主义建设事业继续向前推进、切实提升职工、企业和国家竞争力的重大举措。2010 年 4 月 13 日，中华全国总工会下发《全国职工素质建设工程五年规划(2010－2014 年)》，提出了“全国职工素质建设工程”的指导思想、目标任务、实践活动和保障措施，明确了以“加强思想道德素质建设、加强科学文化素质建设、加强技术技能素质建设、加强民主法治素质建设、加强健康安全素质建设、加强社会文明素质建设”等六个方面的素质提升为目标任务。经过一年多时间的推进，取得了十分显著的成效。

为进一步促进“全国职工素质建设工程”的开展，推进职工素质建设工程更加规范、有序和深入开展，全面提升广大职工对素质建设工程的认识，进一步激发广大职工参与素质建设工程的热情，自觉自愿、自动自发地从六大方面来提升自己的素质，立足岗位，不断完善，成长为高素质高能力的现代职工，我们编写了这本《全国职工素质教育读本》。

本书直面当前职工素质建设的现状，依据全国职工素质建设工程规划的具体要求，从员工自我提升和自我完善的角度，全面阐述了当代职工提高自身素质的主要内容、重要方法和具体形式。全书以鲜活的案例、朴实的笔调、精彩的阐述和亲切的语气，一改刻板说教的培训风格，不仅使广大职工的阅读更为轻松愉悦，也更能引发广大职工的共鸣和同感，有助于广大职工的自我提升和自我完善。特别适合企业培训和职工自学，是当前职工提升自己的素质，强化自身的能力，补上自己的“短板”的绝佳读本。

希望本书能为推进全国职工素质建设工程的开展、促进全国职工的素质提升有所裨益，为企业的壮大发展和职工的未来成长助力！

# 目　录
Contents

## 第一章　实施全国职工素质建设工程，六大素质造就高水平的职工队伍

职工素质不仅是职工工作水平的体现和个人发展的基础，也是企业发展的保障和社会发展的前提，更是企业竞争力甚至国家竞争力的直接体现。

实施全国职工素质建设工程，全面提升职工的思想道德素质、科学文化素质、技术技能素质、民主法治素质、健康安全素质和社会文明素质这六大素质，正是增强职工个人、企业及国家竞争力、打造高素质的职工队伍的最佳途径。每一个职工都应当积极主动地投入到这项活动中去，切实提升自己的各项素质，努力成为新时代的高素质职工，为国家发展贡献力量。



## 第二章　以加强社会主义核心价值体系建设为核心，大力提高职工思想道德素质

全面建设小康社会、努力构建社会主义和谐社会离不开社会主义核心价值体系这个核心，实现中华民族伟大复兴的共同理想也离不开社会主义核心价值体系作为精神力量。每一个职工都要坚持以社会主义核心价值体系为

指导,提高自己的政治思想境界,把社会主义核心价值体系转化为自己的自觉追求,在社会主义核心价值体系的指引下,提升自己的思想道德素质,坚定正确的信念,树立崇高的理想,弘扬爱国精神,加强道德修养,为企业和社会做出更大的贡献。



## 第三章 全面提高科学文化素质，锻造高素质的知识型职工

“知识改变世界”,“知识就是力量”,“科学技术就是生产力”,科学文化素质是广大职工实现技术创新,推动科技进步和产业升级的源泉和不竭动力。科学文化素质欠缺,就会无法适应科技含量不断增加的现代化工作。因而提高职工的科学文化素质,树立科学思想,培养科学精神,多读书读好书,多从书本以及各种文化活动中汲取科技文化知识,才能锻造出新一代的知识型员工,适应科技的发展,促进企业的发展。

## 第四章　不断提高技术技能素质，练就新时代的专家型职工

提高职工的技术技能素质，不仅是推进技术进步、大力发展生产力的需要，也是企业发展壮大、职工适应岗位工作的需要。当前产业结构调整不断深入，产业升级不断加快，对技术技能的需要日新月异，企业急需大量技术人才尤其是高技术高技能人才，需要一大批掌握了先进生产技术、并具备扎实专业技能的专家型职工。因而，提升职工的技术技能素质就尤为重要。广大职工要积极学习先进的生产工艺和技术，勤学苦练，发挥专长，干一行精一行，努力把自己打造成新时代的专家型员工，才能更好地适应时代的发展，适应自己成长的需要，成为企业最需要的高技能人才。



## 第五章　提高民主法治素质，遵守法律法规履行民主权利

民主法治素质，就是一个公民对于民主和法治的认识水平、主观态度和实践程度。民主法治是协调各种社会利益关系、创建充满活力的社会环境、维护社会安定、营造良好秩序的重要保证，加强民主法治素质建设是职工素质建设必不可少的内容之一。

作为社会公民，遵守法律法规，履行民主权利，是职工基本的义务，也是重要的权利。职工要知法懂法、遵法守法、依法办事，树立契约精神和规则意识，要提高自己的民主意识，履行自己的民主权利，积极参与企业的决策和管理，以高度的主人翁意识为企业出谋划策，促进企业的发展。

## 第六章 提高健康安全素质,健康工作平安工作

健康安全素质直接关系到职工的健康和安全,不仅是广大职工的生命安全和身体健康的保证,也是企业安全生产的前提。健康安全素质建设是职工素质建设工程不可或缺的内容。

健康安全素质是人们健康安全意识、健康安全知识和健康安全技能的总和。也就是职工对于健康和安全的认识、知识、能力和技巧的掌握,以及对于生产和生活中健康和安全的防范和保护等。健康和安全是职工最基本的权益保障,也是职工最大、最重要的资本,因而每一个职工都应高度重视,切实提高自己的健康安全素质才行。



## 第七章 提高社会文明素质,团结友爱缔造和谐

社会文明程度是由公民的文明素质决定的。广大职工是社会的主体,是社会文明建设的实际承担者。因此,大力开展社会文明素质建设是职工素质建设工程的重要内容。

社会文明素质建设一般包括讲文明礼貌、平等友爱、团结互助、见义勇为、帮扶困难群体、维护民族团结、保护环境、遵纪守法等方面内容。提高职工社会文明素质,有助于缔造融洽的同事关系、良好的社会关系和和谐的生

存环境。



## 第八章 加强修养完善自我，做一个优秀的新时代职工

全面实施职工素质建设工程，不仅是落实科学发展观、实现科学发展的内在要求，更是职工个人发展的需要。只有主动加强素质修养，提升个人素质，才能紧跟时代的步伐，做一个新时代的优秀职工，也才能促进自己的发展，实现自己的理想，收获自己的人生。



## 附 录

# 第一章

## 实施全国职工素质建设工程，六大素质造就高水平的职工队伍

职工素质不仅是职工工作水平的体现和个人发展的基础，也是企业发展的保障和社会发展的前提，更是企业竞争力甚至国家竞争力的直接体现。

实施全国职工素质建设工程，全面提升职工的思想道德素质、科学文化素质、技术技能素质、民主法治素质、健康安全素质和社会文明素质这六大素质，正是增强职工个人、企业及国家竞争力、打造高素质的职工队伍的最佳途径。每一个职工都应当积极主动地投入到这项活动中去，切实提升自己的各项素质，努力成为新时代的高素质职工，为国家发展贡献力量。

# 1 素质是职工能力和修养的具体表现

不管到哪里，我们常常会听到别人说："这个人的素质不错"、"他的素质挺高的"这样的评价；又或是"你怎么这么没素质？"、"你就这么一点素质？"这样的批评；经济学家说，企业职工的素质决定了企业的竞争力；社会学家说，公民的素质决定了社会文明的程度；教育学家说，必须抓好素质教育，才能提高全民素质；成功学家说，只有提高你的综合素质，你才能在当前激烈的竞争中赢得一席之地，才能获取自己的成功……可见素质，不仅无时无刻不体现在生活中、工作中，我们的一言一行一举一动之中；还决定着企业的发展、社会的文明和个人的前途。换句话说，不论是个人、企业还是社会，要发展，要前进，要竞争，都离不开素质，都凭借素质，都决定于素质。

那么，什么是素质呢？

素质这个词，原本是生理学的一个概念，指人的先天生理解剖特点，主要指神经系统、脑的特性及感觉器官和运动器官的特点。也就是说，人的个体生理的、心理的成熟水平的不同决定着个体素质的差异。比如老年人和婴儿的素质不同，男人和女人也因为性别不同而各具不同的素质；东方人和西方人、白人和黑人，都有不同的素质差异。

但是很显然，我们今天所说的"素质"，不论其内涵和外延都早已远远超过生理学意义上的"素质"一词了。按照权威辞典《辞海》的解释，素质就包含了三层意思，一是"人的生理上的原来的特点"，生理素质就指的是这个意识；二指"事物本来的性质"；三是"完成某种活动所必需的基本条

件”，这一点与我们日常理解的素质最接近，比如个人的才智、能力和内在涵养，也就是一个人的能力和修养的外在的体现。

我国的素质研究专家解思忠先生曾写过“素质三部曲”（《素质忧思录》、《观念枷锁》、《国民素质读本》），他把素质分为八种：人格素质、精神素质、道德素质、文化素质、科学素质、职业素质、健康素质、身份素质，每一种素质又细分为若干个子项，加起来共有50项。可见素质包含的内容确实是很多的。针对个人而言，它是一个人所具有的天赋、素养、才智、能力和修养的综合展现，也是一个人内在品质和外在表现的综合，表现在品德修养、知识内涵、社会交往、工作能力、形象礼仪、廉洁自律、奋发进取等多个方面，可以表述为思想素质、道德素质、心理素质、业务素质、身体素质、安全素质、健康素质、艺术素质、文化素质、能力素质、合作素质、学习素质等各个方面。

一个人的素质不同，必然表现出不同的人生态度、行为特点和能力高低。对同样的一件事情，也会因为素质的不同，能力的不同，处理结果也会不同，有时甚至会大相径庭：

例如：委派一名干部到一个乡镇着手建设新农村。这名干部能从调查入手，弄清楚落后的原因，分析该地区所具有的有利和不利条件，学习先进经验，结合地区的具体情况，团结组织一班人制定切实可行的计划，一步一步使乡镇改变了面貌。我们说这名干部业务素质很强。反之，如果这名干部只会讲空话、讲官话、讲套话、搞党八股，对人或是哼哼哈哈、官气十足，或是拍脑袋、瞎指挥。天天吃酒宴、泡舞厅、公款旅游，他的唯一政绩就是豪华办公楼，而整个地区的面貌依然如故。这种干部不是昏官就是庸官，有什么素质可言？

倘若委派一位科技人员提高产品性能或开发新产品，他能对国内外同类产品作对比调查研究，从中发现问题提出问题，诸如能耗、效率、寿命、信噪比、灵敏度、控制系统等等。认定一个或几个主攻方向。然后查阅国内外大量文献资料，了解该主攻方向的科学前沿，找准突破口。作物理、化学、生物的理论分析试验，敏锐地吸收各种先进的科学技术工艺，制定提高产品性能或新产品设计方案，使研制工作取得成功。我们说这位科技人员的素质好、业务素质强。反之，若这位科技人员只会模仿抄袭，提不出改进该产品性能的问题所在，即使做数学题、物理题能力再强，也无济于事。

不同的人有不同的素质，而不同的素质则会清晰地反映在不同的工作中，并带来不同的工作结果。同一件事情，摆在不同的人面前，有人能从中发现问题、提出问题，有的人则不能，这就是素质的不同；同一个问题摆在不同的人面前，有人能通过理论分析，查阅资料，实验分析，提出解决问题的办法，有的人则只会逃避或是应付，这也体现出一个人的素质高低；即使问题找到了，解决的方法也有了，但困难很大，有人有魄力敢于承担，百折不挠，千百次失败也不动摇，终于取得成功，有的人则退缩动摇，这也是素质的体现；许多事情也只靠个人力量是不够的，有人善于团结人，无论脾气好的和不好的，比较主观的、倔强的，他都善于团结，发挥调动他们的所长和积极性，大家齐心协力完成研制任务，有人则不能，这也是一个人的素质表现……这些能清晰地展现出一个人的能力、修养和精神的表现汇集在一起，就是一个人的素质，也就是一个人能力和修养的最具体的体现和最全面的表达。

素质体现能力，能力就是由素质决定的。比如一个人的创新能力，就来自于他的与众不同的思维素质，他能发散思维，由此及彼甚至到由此及万物；一个人的管理能力，则来自于文化素质，因为作为管理者首先要治“心”，给大家做思想工作，下属再各自发挥自己的作用，管理者管的是人，每个人在人格上和你是平等的，必须思想上沟通，知道他想什么、需要什么、有什么困难困惑，才有可能管好他，你要管理他、要揣摩他的心思、把握他的思想脉搏，要有文化素质。一个人的承受能力则源自于他的心理素质。心理素质越好的人，承受能力就会越强。

但素质不仅仅体现能力，素质也是一个人修养的体现。比如前面我们提过的“这个人素质真低”，评价的就不仅仅是能力，而是一个人的修养。

修养是长期自省自律和学习提高的过程，但却并不与教育程度成正比，而是一种自我修养、学习和提高。这就是很多学历很高的人素质却并不见得有多高的原因。

某公司有一位员工，是某名校哲学系的硕士生，当时在公司

的网站做内容编辑，可以说是满腹经纶，知识面也很广，谈起某个话题头头是道，见解独特，业务能力也不错。还曾在强国论坛发表过不少有见地的文章，但却常常被同事讥为“没素质”，其行为举止却颇不受大家欢迎。比如，也许是从小在家里的习惯，坐在电脑前他总喜欢把一只光着的脚弯踩在座椅上。提醒过他多次这样的坐姿不允许在办公室出现，但他依旧不改。公司规定，不管男女员工一定要着装规范，夏天男员工不允许穿背心，可这老兄甚至光着膀子或是把T恤衫卷到腰间露出肚皮。更令人不能接受的是往办公室的地毯上吐痰，为此公司给过他100元的经济处罚但却并没有多大作用，他还是那样。后来因为屡次犯规不守纪律而被公司开除。

其实像这样具有高学历却没有高素质的人大有人在。很多大学生出口成“脏”，甚至无脏不成话；博士硕士在餐厅吃饭高谈阔论，从不顾及别人；插队、抢座、在公交或地铁上无视老人小孩子的也大有人在；人前优雅高贵、彬彬有礼，而人后随地吐痰、乱扔垃圾的更不在少数……还有些高学历的人只把他们的修养对特别的人展示，甚至礼貌和笑脸也分场合和对象，比如他们在上司和不太熟悉的人面前表现出很有礼貌，其言谈举止绝对够文明，显得有教养和素质；但对地位比他低的人或是在某些影响了他的利益的情况下，就会暴露出其没素质和粗野的本性，或拍桌子瞪眼无端指责或破口大骂。其实这类人的本质还是没有修养，没有素质。

可见素质不仅仅指一个人的能力，还包括内在的修养和品质。一个人内在的涵养包括品德、观念、诚信、宽容、责任感、创新力、合作力、自觉力及心理素质等，这些都是职工素质的内容，也是决定一个人成就的重要因素。

品德，这是一个人的立身之本立业之基，包括个人道德、社会公德、家庭美德、职业道德的要求，如“己所不欲，勿施于人”、“老吾老以及人之老，幼吾幼以及人之幼”、“严以律己，宽以待人”、“人无信不立”、“一诺千金”等传统道德也是德的重要内容。

勤奋，这是成就事业的重要素质和品质之一。一勤天下无难事，勤能补拙，勤能弥弱，勤能补一切不足。勤奋是最重要的职业精神，也是通向成功的必经之路。所以，即便是天才，离开了勤奋，也不可能有所成就。

梅兰芳年轻时去拜师，师傅说他天生一双死鱼眼，灰暗、呆滞，根本不是学习京剧的料，这并没有使他灰心，反而促使他更加勤奋。他喂鸽子，每天仰望长空，双眼紧跟着鸽子，穷追不舍；他养金鱼，寻觅水中金鱼游动的踪影。后来，梅兰芳那双眼睛变得如一汪清水，顾盼自如，脉脉含情。这就是勤奋的结果。

“一勤天下无难事。”拥有勤奋的素质，即便天赋一般，也能有所成就。

宽容，这是为人处世的根本，也是建立和谐关系的前提。宽容别人，既能显示自己的修养，同时也在教育别人。不仅对别人要宽容，对自己也需要宽容，不能苛待自己，我们才能对自己更有信心，对未来更有希望。

责任感，是一个人健康成长的必由之路，也是一个成功者的必备条件。一个人的学识、能力、才华很重要，但缺乏责任感、责任意识、责任心，就不堪重用。

创新力，这是时代进步的灵魂，也是个人辉煌的前提。一个不懂得创新的人，就会墨守成规、安于现状，就会不思进取，就会失去活力，最终被时代淘汰。

合作力，这是现代社会分工细化之后最重要的素质之一。独行侠早已过时了，个人再完美也不可能“全能”，现代社会就是一个合作的社会，如果没有优秀的合作素质，善于合作，不论是对于企业还是个人，都难以有所成功。所以，一个复合型的现代人才，必然也是一个善于合作的人才。

沟通力，也就是良好的人际沟通能力，有助于职工与他人更好地交流信息，交换想法和意见，达到相互理解，避免误会和冲突，保障团队的分工合作顺利进行，促进团队的团结和睦，增进团队的凝聚力和向心力。

自觉力，这是一个现代员工提升素质、成就自我，不断完善、不断进步的最重要的素质。包括自觉自愿、自动自发、自省自励、自警自进等。一个具有高度自觉力的员工，才能不论在任何时候都能清醒地认识自己，见贤思齐，省察不足，从而不断完善自己，不断超越自己，一直向优秀和完美前进，并最终抵达人生的顶峰。

综上所述，素质就是人们在思想、知识、才能等方面具备的基本条件及在思想上、工作上、生活上表现出来的态度和行为，是一定的思想观念、知识技术、工作态度、工作能力、身体状况等在人们行动上的综合反映。

我们也可以简单地理解为：素质就是一个人能力和修养的体现。

不管在任何时候，都能表现出高超的能力和修养，不论在任何地方都能有良善的品性，诚信的表现、文明的言行和卓越的能力，这样的人，就是一个高素质的人。

## 2 高素质是职工自我发展的必备前提

素质是能力和修养的体现。很显然，一个人的素质决定一个人的前途和未来，只有高素质的人，才有发展的可能；也就是说，一个人想要得到很好的发展，必须具备很高的素质，高素质就是一个职工自我发展的必备前提。

素质造就能力，能力体现素质。那些有所成就的名人和伟人，无一不是具备出类拔萃的素质、有着超越常人的能力的人。

身高只有1.65米、矮小瘦弱、貌不惊人的拿破仑，以他超乎常人的精力，百折不挠的斗志，永远不屈服的精神和超强的军事素质和能力，造就了千古不朽的勋业。在所有的西方人中，唯有他曾翻天覆地，以摧枯拉朽之势，横扫整个欧洲大陆的旧制度，开创了以他的名字命名的时代“拿破仑时代”。人们曾经这样评述过他：“这个最终把无数人的向往与思念引向圣赫勒那群岛的人，必将永远立于人类历史上英名永存者的最前列。”

除了身材稍比同时代的欧洲人矮小，拿破仑的其他任何素质可以说都超凡脱俗、出类拔萃。

他酷爱学习，涉猎甚广，特别对于历史、军事、政治、法律，都相当精通，并不断学习；而且善于思考，并灵活运用；他精力旺盛，从来不知疲倦为何物；他性格坚毅，从来不怕困难，也从不轻易放弃；他心理素质更是超强，任何紧张情况下都能理智而冷静。

他的出色的口才更是征服了全世界。他非凡的语言魅力和巨人般的号召力、感染力，使他变得鹤立鸡群，魅力四射，他那出口成章、能言善辩，极具煽动性和蛊惑力的口才不仅征服了他的士兵，也征服了全世界所有人的心。

当然他最为人称道的是他神奇的军事天才和超强的政治才能。在很多人眼中，他就是一位半神般的军事天才。9 岁进入陆军小学，1785 年他刚 16 岁时就已经是陆军炮兵少尉，22 岁时晋升为中尉，24 岁时晋升为陆军少将。1796 年 3 月，27 岁的拿破仑出任萨丁尼亚王国远征军总司令，拿破仑在军需匮乏、时局不利的状况下，率领三万名衣衫褴褛的部队，连破意大利、奥地利，屡战屡胜，使奥、意等国望风披靡。他凯旋回国时，带回大批的珠宝、赔款，极大地缓解了当时法国困窘的财政，他的战功使全欧洲为之震惊，而他的业绩却使他成为法国人的英雄，赢得法国人民的爱戴。1798 年拿破仑从埃及回国，断然推翻督政府另组新政府，任"第一执政"，并修改宪法，揽军事、政治、外交大权于一身，此时，他年方 30 岁。36 岁时，法国人民一致拥戴他成为"法兰西帝国皇帝"，权倾一时，位极天下。

"在我的字典里没有难字。"这是拿破仑的名言，也是他一生辉煌的真实写照，更是他对自己能力的高度自信。

素质造就能力。拿破仑超越常人的能力正是因为他有超越常人的身体、心理、品质和天赋的高素质。素质和能力是一个人自我发展的重要前提，也是必备前提。一个素质低下、才能平庸的人，是不可能得到大的发展的。前途远大、发展良好的，永远是那些素质高、能力强的人。

只有具备优秀的素质才能表现出色。也可以说所有优秀的表现全都来自优秀的素质。对于任何人而言，优秀的素质都是自我发展的必备前提。对于职工更是如此。优秀的职业素质就是驰骋职场的通行证，也是实现人生价值、创出一番业绩、谋取自我发展、取得人生成功的重要基石和必备前提。高素质的人能够在自己平凡的工作中敬业、精业、勤勉、合

作、付出、担当、进取，从而为企业创造卓越业绩，也为自己创造了不断发展的机遇。

出生在篮球世家的姚明，直到9岁才开始接受业余篮球训练。用姚明自己话是“从小家境不太好”，但凭借吃苦耐劳和勤奋执著，中国姚很快走进众人视野。14岁进入上海青年队、17岁入选国家青年队、18岁披上战袍为中国征战世界。2001年亚洲篮球锦标赛，姚明场均13.4分10.1个篮板2.8次盖帽，其投篮命中率高达72.4%！中国队由此夺冠。2000年奥运，他平均每场10.5分和球队最高6个篮板2.2次盖帽，他的63. 9%命中率同样惊人。在雅典奥运会上，中国男篮小组赛陷入绝境，他率队顽强击败塞黑闯进八强赛。如果国家队成绩不足以说明其优秀，2002年NBA历史上首位外籍状元、连续6年NBA全明星赛首发中锋似乎将会给其佐证。

征战NBA共8年，场均得分19分，9个篮板及封阻，无论从哪个角度来讲，他都是中国篮球第一人，他的确当之无愧！这就是他超强的篮球素质和能力的体现。姚明身材高大，谈吐幽默，球技出众，人品俱佳。2米27的身高比多数NBA欧美人都高大，有力量，有智慧，有幽默感，又勤奋努力，姚明的成功正是来源于他的这些素质。

素质决定前途，素质决定未来，一个人的前途和命运很大程度上都由他的素质决定。一个高素质的人，必然会比一个低素质的人有更好的发展前途，能做出更伟大的事业来。

也许有的职工会觉得，这样的逻辑不存在，有很多高素质的人并没有成就一番大事业，反而比一些看起来素质并不高的人更平庸，而一些看起来素质并不高的人却成就非凡，所以认为成就与素质没有太大关系，而是机遇、人脉及其他因素决定着一个人的成就和命运。这就不得不提及关于素质的一个重要的理论——素质冰山理论。

20世纪70年代，美国著名心理学家麦克利兰提出了著名的素质冰山模型：把一个员工的全部才能看作一座冰山，浮在水面上的是他所拥有的资质、知识、行为和技能，这些是员工的显性素质，可以通过各种学历证书、职业证书来证明，或者通过专业考试来验证。而这些露在水面之上的却往往只占到人的真正素质的1/8;更重要的素质则是潜在水面之下那些看不到的东西,包括职业道德、职业意识、职业态度、职业精神以及个人的品德、潜质、习惯等,这些称之为隐性素质。如果不加以激发,它只能潜意识地起作用。这种隐性素质虽然无法直接看到,却十分重要,它们往往占到素质的八分之七,隐性素质不容易识别、不容易改变,但往往在更深层次上影响着一个人的发展,决定着一个人的命运。

正是因为人的隐性素质不仅占到了素质的绝大部分,而且也是对一个人的工作和成功起最大作用的素质,我们才会觉得有些人素质并不高却也能成功。实际上,这绝不是他的素质不高,而是他的高素质隐藏在冰山之下,我们看不见,但却在他的自我激励和自我完善过程中被最大限度地激发出来,从而促成了一个人的成功。

小冲是做家电维修保养的个体户,开张不久,生意一般。一次,他冒着火辣辣的太阳,去开发区内的一家日资企业,为总经理办公室修理空调。日本总经理见他手脚麻利,很快就让一台别人修了几次的空调正常运转了,忍不住夸奖了两句。小冲笑笑,用日语对答。

总经理十分惊讶:这小伙子貌不惊人,却能说一口流利的日语。

“我以前常常读一些翻译过来的小说,可有些不过瘾,就想读日文的杂志和报纸,所以去学了日语。”小冲说,“多学会一种语言,多一种本事,我们在日本企业干活就方便了。”

他们用日语交谈了一会。也许是为了表示对这位小伙子的赞许,总经理破例地让秘书给小冲在公司餐厅安排午饭。

吃完饭,小冲把不锈钢盘子送回餐厅窗口,同时按照午餐的价格,付了五元饭钱。他的帮手有些纳闷,不是总经理请客吗,为什么还要付钱呢?小冲笑道:“他请我们吃饭,是他对我们的尊重。我们付五元饭钱,是我们对自己的尊重……”

而这一切都被日方的总经理看在眼里,他当即让秘书和小冲签下了五年的公司家电维修保养的合同。

素质决定前途,这种素质并非只是表现在外的比如一个人的学历、知识、技能,更多地表现在一些精神层面上的东西,比如修养、习惯、情操、道

德、精神等各个方面。一个素质全面、能力超群、情操高尚、习惯良好的人，不管在哪个行业、不管做什么工作、不管起点有多低、难度有多大，最终的成功，一定会属于他。

所以，对于每一个职工来说，提升自己的素质，打造一个素质优秀、全面的现代化职工，不仅是未来发展的必备件，也是当前最紧迫的任务。

3

## 高素质的职工是企业发展的关键基石

高素质不仅是职工个人开辟职场前途的利器，更是企业发展的关键基石，职工素质的高低、职工能力的强弱直接决定着企业竞争力的高低。因为企业之间的竞争归根到底是员工素质的竞争。只有拥有高素质的职工，才能建设高素质的企业。职工的素质越高，能力越强，企业效率就会越高，发展的速度就越快，竞争力也就越强；反之，则企业就会失去竞争的能力，最终倒闭和灭亡。这是当今企业界、管理界和众多知名企业家的共识。

19世纪末20世纪初美国最伟大的商人、钢铁大王安德鲁·卡内基依靠强劲的高素质人才队伍，打造了一个强大的钢铁帝国。他坚信高素质的人才的力量是无穷的。他曾经自信地宣称："如果把我的厂房、设备、材料全部烧毁，但只要保住我的原班人马，几年以后，我仍将是一个钢铁大王。"

比尔·盖茨被采访时也表达过同样的意思。当记者问他："如果让你离开你的办公大楼，您还可能创办出如此奇迹的公司吗?"他回答："当然可以。不过，得让我挑选出100名员工带走。"

美国管理大师彼得·德鲁克说:“企业只有一项真正的资源——人,一切工作都需要人来做,管理就是充分开发人力资源以做好工作。”

美国《财富》杂志在总结那些成功企业的经验时得出这样的富有启示性的逻辑:企业的兴衰源于企业创新能力的强弱,而创新能力的强弱源于企业职工素质的高低。也就是说,一个企业的职工素质如何,很大程度上决定着这个企业的生存和持续发展能力。

人是企业的基石,职工才是企业真正的资本和力量,只有高素质的职工队伍才是企业基业长青的基石,才是企业制胜的关键。企业包括研发、生产、销售、服务在内的运行全部由职工在操作,企业的业绩和发展要靠职工完成。一个好的职工队伍是企业能够取得成功的基础,员工素质的提高,意味着企业人力资本的升值,意味着企业文化的健康向上,企业的效益很大程度上来自于此。没有高素质的职工队伍,企业就缺少了不断创新的技术支撑;没有高素质的职工队伍,再好的战略、制度也难以转化为现实的生产力;没有高素质的职工,就不会有高质量的产品和服务,就不会有忠诚的客户,企业也就失去了生存的根基;没有高素质的职工,就不会有高效的执行力,企业的竞争力就会化为乌有。因此,越来越多的企业家已经形成了共识,即职工职业素质是制约企业发展的最大的瓶颈。

有一位安全生产记者连续采访三家企业时对于职工素质有着更深切的感受:

先去的是即将开工建设的浙江三门核电站。我们人还在车上,接待人员就一一问了我们的鞋号。等到了目的地,先发给我们的是“安全须知”,其中甚至标注了遇到火灾等突发事件后的逃生路线。

参观前,我们每个人被引导人员严严实实地“武装”起来。安全帽自然不用说,每个人还戴了防护眼镜,穿上防护鞋以及反光背心。这时我们才知道人家提前问鞋号的缘由。接待人员告诉我们,防护镜是预防电焊迸溅起的火星万一掉到眼睛里。防护鞋鞋底不仅绝缘而且加厚,可以预防被钉子、钢筋刺穿,鞋的前部衬有金属,即使赶巧了被重物砸在脚面也不会伤脚。

如此武装到牙齿，给人的感觉是工地似乎危机四伏，可我们进入现场才发现，工地非常整洁，施工井井有条，实在看不到任何危险，全身上下换上的一套行头根本没有用武之地。采访之中，有一个记者嫌热，把安全帽脱了下来，其实这时在一块宽敞的平地上，不戴安全帽也没有什么关系。但是接受采访的一位工人非常严肃地请记者戴上安全帽，我们也看到虽然是大热的天，他却“武装”得严严实实，一丝不苟。

接下来去的是一家新近成立的核电设备制造企业，参观流程与核电站工地大同小异。令我们感叹的是，这样一家生产巨型核电金属部件的企业，车间一尘不染，整洁程度堪与电子企业媲美，每一个工人都严格按照操作规程操作，一丝不乱，一丝不苟。

采访之后才知道，这两家企业都是连续多年未发生过一起安全事故，处罚制度也有，但是真正受到处罚的员工却少之又少，几乎没有。因为职工本身的安全素质很高，不需要企业的强制或是惩罚。

最后去的是一家上个世纪50年代成立的老国企。和前两家新企业颇为不同，这家老企业没有“安全须知”，甚至没有安全帽，一切显得那么随意，就像回了自己家一样。来到车间，龙门吊就在头顶滑动，巨型锻压设备就在身边运动。车间里，有近半工人和我们一样没戴安全帽，而且显得颇悠闲自得，甚至还有人抽着烟，而在他旁边一米远的地方就是氧气瓶，连这样最基本的安全意识素质都没有。或许是刚下完雪，车间地面上一层烂泥，一些金属下脚料横七竖八地躺着。大概是觉得这样子太随意了，车间主任严厉地命令工人们赶快戴上安全帽，工人们不情不愿地戴上了，嘴上却不愿意，“一来人就做表面文章，戴不戴有什么关系嘛……”“快戴上吧，不然要罚钱啰！”几个工人不太在意地咕哝着。到采访时才真正把记者吓了一大跳，原来就在上个月，这个车间就发生过一起严重的伤亡事故，一个小伙子没有系安全带，从高处坠落不幸身亡，还砸伤了下面的一位工友！

通过这位记者对这三家企业的安全现状的真实描述，我们不仅可以清晰地看到三家企业的安全管理实况，更能立即分辨出三家企业职工的素质状况，当然不用记者告诉我们这三家企业哪家强哪家弱，我们自己都会分辨出来了。滴水藏海，窥斑见豹，从职工的素质和表现中，其实我们早已明了这三家企业的现状和未来了。

企业是由职工组成的，职工是企业最大的资本，也是企业赖以生存和发展的基石，只有高素质的职工才能创造出一流的业绩，才能建设高素质的企业。高素质的职工队伍是企业持续发展、稳定发展的根本所在，是企业核心竞争能力的基石。所以提升职工素质，加强职工素质教育，全面开展职工素质建设工程，着力提升职工队伍的综合素质，正是企业提升综合实力、增加创新力、增强竞争的重要一环。

## 4 素质建设工程是高素质职工队伍的孵化器

素质是职工发展的必备前提，也是企业发展最关键最有力的竞争武器，只有高素质的职工，才有更好的发展前途，只有具备一支高素质的职工队伍，企业才能更好地发展。因而提高职工素质，既是职工所求，也是企业所谋，更是社会所需。

然而，当前我国企业职工的素质并不乐观。目前我国劳动力整体素质偏低，职工的整体知识结构不够合理，既能动脑又能动手的高技能人才极度缺乏，自主创新能力相对薄弱，高新技术及高级经营管理人才、具备高素质的高技能人才还远不能满足国家经济和企业发展的需要，职工队伍的技能、技术素质不高，高技能人才尤其缺乏，职工的职业技能素养、职业精神和职业道德水平，都不容乐观。

据报载，目前南京 56.2 万名职业技术工人中，高级技工仅

占7%，技师占1%，而高级技师更是凤毛麟角，只有99人，占万分之二都不到，而且大多数已退居二线或退休在家。

郑州铁路局的统计显示，专业技术人员仅占职工总数的8.84%，运输主专业的专业技术干部仅占职工总数的2.48%，专业技术人员中本科以上学历的仅占32.25%，远未达到国家人事部提出的70%的要求。高、中、初级专业技术人员比例为0.70∶3.46∶5.84，而在一些西方发达国家，初级工、中级工和高级工的比例是15∶35∶50。高级工成为西方职业技术工人的大头，可见我国对技术工人的需求量非常大，但实际技术人才却相当稀少，职工整体素质与发达国家相比，差距惊人。而且由于职工技术素质的整体偏低，已在相当程度上影响了企业的生产效率和生产安全。调查显示，目前我国的企业产品平均合格率只有70%，不良产品造成的损失每年近2000亿元。还有很多安全事故也是因为职工安全素质低下、安全意识不强或是安全技能不过硬而导致的，这方面造成的损失更是惊人。

可见，提升企业职工的素质是当前我国企业和社会的当务之急。特别是随着我国城镇化水平的提高，农村劳动力向城镇大量转移，全国有近3亿的农民工涌入城市，成为劳动密集型产业工人队伍的主体。但新生代农民工基本上是一离开中学校门就开始外出务工。具有高中及以上文化程度的只有三成左右，受过专门性、技能性训练的农民工更少，因此新生代农民工的教育程度和职业技能水平仍滞后于城市劳动力市场的需求和企业需求。尤其是在生产一线从事重体力劳动的农民工，不仅文化知识普遍较差，还大多存在着出力挣钱养家糊口的思想，进取心不强，改变创新意识差，当家做主的概念模糊，注重物质利益，忽视精神陶冶，注重索取，忽视奉献，爱岗敬业精神弱化、集体主义思想淡漠等现象，极端个人主义还导致了个别职工做出有悖职业道德、甚至违法犯罪的事情。

正因为当前职工素质的现状如此，为了全面提升全国职工的综合素质，促进职工的发展，企业的发展，社会的发展，2010年4月中华全国总工会推出了《全国职工素质建设工程五年规划(2010—2014年)》，在全国范围内广泛开展全国职工素质建设工程，以推进职工素质的提高，为企业和社会孵化出更多的高素质人才。全国职工素质建设工程的推进，必然成为加速全国职工素质建设、提升全国职工综合素质的“孵化器”，孵化出更多高素质、高能力、高水平的现代化企业职工。许多企业已经用鲜活的事实证明了素质建设工程对于打造一支卓有成效的高素质人才队伍、全面提升员工素质的“孵化”作用：

山东能源淄矿集团埠村煤矿以推行全国素质建设工程为契机，深入推行素质金字塔攀升工程，打造企业转型发展所需要的高素质人才队伍，充分发挥了素质建设工程对高素质人才队伍的“孵化器”作用。

埠村煤矿为促使职工形成一个素质提升的良好构架，使自觉掌握丰富的岗位知识、练就高超的岗位技能、奉献丰硕的岗位绩效成为每个职工的人生追求和职业目标，探索并实施素质金字塔攀升工程。素质金字塔攀升工程共分知识考试、技能测定、绩效考核、群众评议四个部分。按照百分制考核，四项要素各占20%、40%、20%、20%的比例分，形成“四合一”的考核工程。

为使每名职工的素质级别达到清晰可辨，矿里设计了精美的图板，以每个区队为一个素质金字塔，从塔底至尖端用7层条格、文字和人物照片实名表示。塔尖为首席员工，高端为骨干员工(五星级员工)；进入塔尖的首席员工，必须是“星级员工”的五星级员工。塔中和底部为“星级员工”的四星级员工、三星级员工、二星级员工、一星级员工。零星级员工是季度内出现“三违”或试用员工。为更好地区分素质攀升类别，图板上还明确标注：四星级以上为优秀员工，一至四星级为合格员工。如此一来，谁的素质是优秀或是合格，从金字塔图板上便一目了然。这样更加促进了广大职工争先创优的积极性，营造了全体职工你追我赶的热情，更加促进了职工素质的提升，广大职工积极参与到素质工程建设中来，参与素质攀升的职工达4198人。

埠村煤矿推行“首席职工”、“星级职工”，不仅是企业人才观念的突破，也是催生企业“能工巧匠”的“孵化器”。同岗同酬，技术高的与技术低的工资、奖金、待遇一个样，这在一定程度上挫伤了职工立足岗位、钻研技术的积极性，职工的技术水平下降，生产一线岗位缺少响当当的“技术明星”。而为成绩突出、贡献

较大的职工授予“首席职工”称号，并给予相应的优厚待遇，这种做法改变了同一岗位职工技能上的差异，打破了相同岗位的“大锅饭”，拓宽了企业专业技术人员的发展空间，使那些技术优秀的人才脱颖而出，也为全体职工树立了“人人可成才”的观念。不唯学历、不唯职称、不唯资历、不唯身份，只要素质高、技术好的职工，就能成为“首席”，就能为他们创造提升的机会，真正做到不拘一格选人用人，从而使职工时时处于“上台阶”的状态之中，为提升全体职工的素质营造了良好的氛围。

埠村煤矿的素质攀升工程就像一个温暖的孵化器，通过精心培养，使得一批批高素质职工应运而生，从而促使一个50多年老矿焕发青春。广大职工把岗位当成舞台，把提素练成了艺术，先后涌现出“友河速度”、“洪涛神听”等21项绝招、绝技、绝活。通过“岗位大练兵”，练出了438名技能精英。通过“一岗双述”演练，80%以上的职工达到了上台“脱口秀”，96%以上的职工成为技能明白人。近两年专业技术人员增加了27.9%，高级技能人才增加了26.7%。全矿职工的技术技能素质、安全健康素质、科学文化素质等，都得到了全面的提升，特别在安全生产方面，全矿职工操作实践由习惯性违章发展到了习惯性遵章，又由习惯性遵章发展到了杜绝违章，连续实现安全生产2200余天。

全国职工素质建设工程，就是高素质职工的“孵化器”，也是使广大职工迅速成长、卓越发展的“助推器”，更是企业培养高素质人才队伍的摇篮和温床。企业要充分利用好这一提高职工素质的良好平台，采取各种各样的形式和方法，千方百计提升职工的素质，加强高素质职工队伍的建设，全面提升职工竞争能力、学习能力、创新能力和发展能力等综合素质，以提升企业的竞争和创新能力，加速企业的发展。相信在“全国素质建设工程”这个高素质职工孵化器的作用下，会有越来越多的职工迅速成才，成为企业的精英，壮大企业的实力，并大大增强企业的竞争力，也使职工得到长足的发展，促进企业和职工的双赢，全面打造一支高素质的职工队伍。

# 5 六大素质造就新时期的高水平职工队伍

提高职工素质,建设高素质的职工队伍,一直是我国人才战略的重要内容,而且这些年来一直在做这方面的工作。但是,对于在新的历史时期,在新的经济背景下,提高职工素质究竟应当从哪几方面着手,应当达到什么样的要求,实现什么样的目标,才能真正造就了高水平的职工、打造高素质的职工队伍,却似乎一直处在一个模糊的状态,没有一个清晰的目标,更没有一个统一的标准。《全国职工素质建设工程五年规划(2010—2014年)》(以下简称《规划》)则为企业、为职工提供了一个可供参考的全面、详尽的内容范本,以指导全国企业全力开展职工素质建设工程、抓好素质提升工作。

《规划》设定了职工素质提升的总目标,提出了"六大素质"的概念,并详细指明了素质建设工程的具体内容、实现方法和提升途径。对全国职工素质建设工程的指导思想、总任务、主要内容、实现方法都有具体而详尽的指导。

《规划》提出了全国职工素质建设工程的指导思想:高举中国特色社会主义伟大旗帜,以邓小平理论和"三个代表"重要思想为指导,深入贯彻落实科学发展观,围绕中国工会十五大提出的目标任务,坚定不移地走中国特色社会主义工会发展道路,以社会主义核心价值体系建设为主线,以提高职工思想道德素质、科学文化素质和技术技能素质为重点,大力弘扬劳模精神和中国工人阶级伟大品格,促进职工全面发展,打牢团结奋斗的共同思想基础,为推动科学发展、促进社会和谐,实现全面建设小康社会宏伟目标提供智力支持和人才保证。

《规划》也明确了全国职工素质建设工程的总体目标:以社会主义核心价值体系建设为主线,建立健全和完善职工素质建设工程的体制机制,

积极开展旨在全面提高职工素质的各项活动，搭建各种有利于人才成长的良好平台，促使技术创新人才、拔尖人才和一大批高素质劳动者脱颖而出，努力建设学习型、知识型、创新型的高素质职工队伍。

《规划》指明了全国职工素质建设工程在五年内的主要任务：围绕加强职工思想道德、科学文化、技术技能、民主法治、健康安全和社会文明等六个方面素质建设，通过全面实施全国职工素质建设工程，使职工队伍理想信念更加坚定，职业道德建设更加深入，科学知识更加普及，技术人才结构更加合理，职工教育培训机制更加完善，职工文化和企业文化更加繁荣。

《规划》明确提出了以六大素质为主要内容的全国职工素质建设工程的基本内容：

(1)加强思想道德素质建设

在人的素质结构中，思想道德素质是人最基本和最关键的要素，因此，思想道德素质建设是职工素质建设的基础性工程。

思想道德是指人们在社会生产和社会生活中逐渐形成的比较稳定的思想观念、价值取向、道德修养和行为习惯。党的十七大报告提出，大力弘扬爱国主义、集体主义、社会主义思想，以增强诚信意识为重点，加强社会公德、职业道德、家庭美德、个人品德建设。因此我们这里阐述的思想道德建设，既包括思想素质建设，还包括以增强诚信意识为重点的职业道德、社会公德、家庭美德和个人品德建设等内容。

开展全国职工素质教育对于提高职工的思想道德素质要达到：以社会主义核心价值体系建设、马克思主义、中国特色社会主义共同理想凝聚力量，用以爱国主义为核心的民族精神和以改革创新为核心的时代精神鼓舞斗志，用社会主义荣辱观引领风尚，加强职业道德教育，培养高尚的道德情操和职业操守，从而实现对职工的科学理论体系教育、形势政策教育、爱国主义教育、中国工人阶级伟大品格教育、劳模精神教育、职业道德教育、民族团结教育等全覆盖。

(2)加强科学文化素质建设

科学文化素质，是人在处理与自然和社会的关系中应该具备的知识、精神要素(价值观念)和实践能力，它与思想道德素质和健康素质一起，构成民族的整体素质，它应当包括受教育程度、科学精神、科学水平、精神状态、文化修养、创新意识和创新能力等多方面的因素。

全面推动职工科学文化素质建设，通过各类科学文化知识的教育、传播与普及，引导职工树立科学理念，掌握科学知识，运用科学方法，提高科学水平。实现各类科学文化教育活动覆盖率达到80%以上，使1000万以上职工提升学历层次。命名4000个基层职工教育培训示范点，重点扶持其中500个优秀示范点建设。建设5000家全国工会“职工书屋”示范点，带动各级工会建设50000家以上“职工书屋”，这是开展全国素质建设工程提升科学文化素质的目标。

(3)加强技术技能素质建设

技术技能素质是职工成功完成某种任务或胜任工作的必不可少的基本素质。伴随着我国经济的快速发展，经济全球化不断深入、产业结构的调整与升级和科学技术的日新月异，对技能人才特别是高级技能人才的需求日益凸显，技术工人、技术人才严重短缺已成为制约产业结构调整升级和推动经济发展的瓶颈因素。因此，进行技术技能素质建设是职工素质工程建设的重要内容。

围绕经济社会发展和科技进步要求，积极探索产教结合的人才培养模式，满足企业发展对专业技术人才的需求。广泛开展群众性职业技能培训和劳动竞赛，引导职工不断提高技术技能水平和技术创新能力，实现各类技术技能培训和劳动竞赛、岗位练兵活动覆盖率达到85%以上，使2000万以上职工提升技术等级。实施1000万以上城镇下岗失业人员和农民工转岗就业培训、自主创业培训和职业技能培训，是职工素质建设工程技术技能素质的提升目标。

(4)加强民主法治素质建设

在法治社会，职工通过学法、知法、懂法，从而做到用法、守法，依法维护自身权益，是国家和工会组织开展普法宣传教育的重要目标，也是不断提高职工法律素质，加强职工素质建设的内在要求。

倡导和谐理念、培育和谐精神，积极推动基层民主法治建设，广泛开展多种形式的法制宣传教育，推进法制宣传教育下基层、进企业、进班组，增强职工民主参与、民主管理和民主监督的意识，提高职工依法理性表达诉求能力，建立健全舆情预警机制，推动职工队伍与社会稳定，实现各类普法宣传教育覆盖率达到90%以上，是全国素质建设工程提出的职工民

主法制素质的目标。

(5)加强健康安全素质建设

健康安全是职工最根本，也是最基本的权益保障。健康安全素质就是职工对于自己在生产和工作及生活中对于自身安全和健康的关注意识、重视程度和防护能力。在全国职工素质建设工程实施规划中明确职工的安全健康素质要达到：倡导健康安全卫生理念，普及健康安全知识，引导职工提高安全生产与身心健康意识，自觉遵守安全生产与劳动保护条例，增强职业病防治与安全生产能力，实现各类群众性安全健康卫生教育和“安康杯”竞赛活动覆盖率达到 80%以上。提升健康生活指数，动员 70%以上职工参加全民健身活动的目标。

(6)加强社会文明素质建设

社会文明素质建设一般包括讲文明礼貌、平等友爱、团结互助，见义勇为、帮扶困难群体、维护民族团结、保护环境、遵纪守法等方面内容。

开展全国职工素质建设工程，就要积极推进企业文化和职工文化建设，努力探索富有时代特点、符合文化发展规律、适应企业发展需求与职工精神文化需求的企业文化和职工文化新机制和新格局。深入推动社会主义精神文明创建，引导职工自觉践行社会主义荣辱观，全面提升职工队伍文明素养，促进社会主义文化大发展大繁荣。实现各类群众性社会主义精神文明创建活动覆盖率达到 90%以上。

在《规划》中，思想道德素质、科学文化素质和技术技能素质是全国职工素质建设工程的重点。各级工会在职工素质建设过程中，应有针对性地开展思想道德素质、形势政策教育，以多种形式开展技术技能素质、科学文化素质培训，开发职工的智力能力和潜力，尤其要提升职工的自主创新能力。

全面提升广大职工的这六大素质，必然能够锻造一支思想道德水平高、科学文化素质好、技术技能水平优秀、遵纪守法、民主意识强、注重健康、重视安全、讲文明有礼貌、重情义有爱心的高素质职工队伍，为推动经济的进一步增长，促进企业的进一步发展，发挥巨大的作用。

# 6 积极参与素质建设工程，为自己的发展打好基础

作为一项职工全员参与的群体性活动，职工素质建设工程的第一要义就是需要全体职工的积极参与，需要凝心聚力，提振精神，积极投身于素质建设工程的大潮中去。职工是素质建设工程的主体，从学习到运用，从创新到创效，每一个环节都离不开职工的积极参与和无私奉献。

只有每一个职工都以饱满的热情、积极的心态和进取的精神投入到素质建设工程去，素质建设工程才能取得成效。也只有积极参与全国职工素质建设工程，好好利用职工素质建设工程这个快速提升自我素质的“孵化器”，激发自己的创新意识，锤炼卓越的工作能力，塑造优秀的职业精神，为自己的职业生涯的职业发展打下坚实的基础。

那么，职工怎样参与到素质建设工程中去，着力提升自己的素质呢？主要要从“参学、参赛、参树、参课、参练”等几方面来进行。

(1)参学

学，自然是学习。提高自我素质最有效的途径毫无疑问是学习，而且是终身学习。

中国有句成语，“学无止境”，中国还有句俗话，“活到老，学到老”，可见学习就是一项终生的事业。对于这一点，古今一脉相承，中外贯通此理。

1974 年联合国教科文组织提出“终身学习”的概念。美国杂志发表文章说现在人们都长寿，主张 50 岁的时候再上一次大学。知识需要重新更新，要活到老学到老。美国一个 94 岁的老太太和 22 岁的孙女一起戴上博士帽，她准备就业，美国 75 岁以上的老人能继续工作，就业率 6.4%，最大年龄 105 岁。

现在科技发展日新月异，知识更新速度快得让人目不暇接，几天不学习就有可能被淘汰，被抛弃。只有不断学习，树立终身学习的观念，练就终身学习的能力，才能紧跟时代的发展，才能与时俱进，才能实现自己的价值，取得自己的成功。所以，职工要积极地“参学”，才能与时俱进，才能不断提升自己的素质。

“参学”重在“参”，就是要积极参与到公司的各种学习活动中去。不管是理论学习、专业学习、安全学习或是其他各种内容各种形式的学习活动，都要积极参与，有空多去职工书屋、科技图书馆、阅览室，看书学习。别认为“这些东西我学了没有什么用”或是“这些东西还用学么”这样的思想，这只会阻碍我们的学习，并且影响我们的发展。

只有学习才能进步，只有学习才能提高，所以一定要勤于学习，善于学习，向书本学，向经验学，向同事学，向老板学，向客户学，不管任何地方，都坚持学习，不怕苦不怕累，持之以恒，坚持到底，学以致用，以学习促进工作，就一定会学有所得，一定会有所成绩。

(2)参赛

所谓赛，就是企业举办的各种劳动竞赛、技能工种大赛、文化艺术竞赛等各种赛事。积极参与这些赛事，可以极大地提高自己的岗位创新能力和技术技能素质。这些年工会举办的“安康杯”劳动竞赛，影响很大，参赛职工也很多，对于提升职工的技术技能素质影响巨大，推动显著。积极参与这些活动，不论得不得奖，都可以全面展示自己的精神风貌，提高自己各方面的修养和能力，达到素质提升的目的。

(3)参树

所谓树，就是树典型、以典型引路。几乎所有的企业都会有自己的典型和榜样，都会培养本企业的杰出人才，像劳动模范、技术创新能手、知识型职工、金牌员工、首席员工等。职工要积极参与，见贤思齐，积极进取。争当技术能手和创新能手，争当知识型员工，在选树活动中受到教育和激励，促进素质的提升。

(4)参课

不管是职工素质教育讲座还是各种各样的理论、专业及职业素养课程，职工都应积极主动地参加，以全面提升自己的业务水平、文化、历史、哲学、婚姻家庭、法律法规等方面的知识和素养，使自己的思想道德素质、科学文化素质、职业技术技能素质、安全健康素质等综合素质得到加强。

(5)参练

练，不仅有自己自觉的经常性练习，还有企业举办的各种岗位练兵活动。针对工作和生产中的重点、难点和薄弱环节，以及影响质量、成本的关键环节，开展技术攻关、技术革新、QC 小组、发明创造活动，加强练习，精进技术，提升技术技能素质。

当然，职工参与素质建设工程，不仅仅限于上面所说的这几“参”，而是应当有积极认真的态度，广泛参与到提升职工素质的所有活动中去，加强学习，不断提高自己各个方面的素质，才能练就过硬的职业技能，培育优秀的职业精神，锻造高尚的职业道德，使自己成为一个技术精熟、能力超群、道德高尚、修养良好的现代优秀员工，从而使自己在职场走得更加顺畅，也使自己的前途更加光明，人生更加灿烂。

## 7 依托工会“大学校”的作用，促进自我素质的提升

胡锦涛总书记在同全国总工会新一届领导班子成员和中国工会十五大部分代表座谈时提出，“要充分发挥工会‘大学校’作用，把提高职工队伍整体素质作为一项战略任务抓紧抓好”。这一重要思想对在新形势下更好地发挥工会组织作用提出了新的要求，为全面提高职工素质，充分发挥工人阶级主力军作用指明了方向。

工会是广大职工自己的组织，也是亿万职工最温暖的“娘家”。近几年来，我国工会组织发展惊人，工会组织益发壮大。

据全国总工会统计，2011 年新发展会员 1700 多万人，会员

总数达到2.58亿人，其中农民工会员9400多万人。全国工会基层组织覆盖单位数达520万家，企业建会率为67.58%。2011年新增各类基层工会联合会3.8万个，覆盖小企业94.6万个，全国已经建立区域性行业性基层工会联合会11.7万个，覆盖小企业242万个。截至2011年8月底，全国41755家乡镇(街道)已建总工会9243家，乡镇(街道)工会委员会14687家，乡镇(街道)工会联合会13393家。

覆盖如此广泛的工会对于开展职工培训、提高职工素质、增强职工技能无疑具有强大的支撑作用。长期以来，各级工会充分发挥了“大学校”的作用，通过“大学习、大培训、大提高”，深入实施职工素质建设工程，广泛开展社会主义核心价值体系教育，加强职工职业技术技能培训，大力推进职工文化、企业文化建设，为企业建设高素质的员工队伍做出了重要的贡献，培养造就了一大批知识型、技术型、创新型的高素质职工。

以青海省为例，2011年全面发挥工会“大学校”的作用，充分利用各种契机，全面开展职工素质建设工程，着力提高广大职工各方面的素质，培养了一大批技术过硬、作风优良、品质高尚的优秀职工队伍。

2011年，青海省各级工会组织充分发挥“大学校”作用，大力实施职工素质建设工程，以“创建学习型组织、争做知识型职工”和青海高原“工人先锋号”创建活动为载体，组织职工积极参加各种形式的职业道德、职业培训、岗位练兵、合理化建议和劳动竞赛等活动，全省职工队伍综合素质得到全面提升。

全面提升职工思想道德素质。各级工会精心组织庆祝建党90周年宣传教育系列活动，运用广大职工喜闻乐见的形式，先后召开全省工会职工思想政治工作和全国工会“十面红旗、十大标兵”先进事迹报告视频会议，举办“当好主力军、建功‘十二五’、岗位做贡献、建设新青海”形势政策任务主题教育宣讲会，组织基层工会干部、劳动模范和优秀职工代表组成宣讲团，进企业、下车间、入班组广泛开展宣讲活动，深入开展社会主义核心价值体系主题教育活动，教育广大职工争当时代先锋，勇当行动楷模。同时，在职工中广泛开展以爱岗敬业、诚实守信、办事公道、服务群众、奉献社会为主要内容的职工职业道德教育，职工职业道德素质显著提高。我省3个单位、3名个人分别荣获全国第十二届职工职业道德建设先进单位和先进个人称号。

全面提升职工科学文化素质。为改善一线职工特别是农民工的学习条件，深入推进“创建学习型组织，争做知识型职工”活动，普及科技知识，提升技能素质，全省各级工会多渠道筹集建设资金1400多万元，实施“职工书屋”建设工程，以基层企事业单位、工业园区、农民工相对集中的项目工地为建设重点，以一线职工作为重点服务对象，建成452个“职工书屋”。其中全国“职工书屋”示范点50个，省级“职工书屋”示范点150个，基层企事业单位“职工书屋”自建点252个，逐步形成阅读条件比较完备、广泛覆盖职工群众的工会读书设施网络，为广大职工学习知识、获取信息、提高素质、丰富文化生活搭建了平台。与此同时，各级工会依托“职工书屋”组织开展职工读书活动，运用读书节、读书月、读书会、读书征文、学习讲坛、专题讲座等多种形式，吸引了60多万职工、农民工到“职工书屋”借阅、读书、学习，年借阅量逾100万人次。

全面提升职工职业技能素质。青海省总工会每年与省人力资源社会保障厅等六个部门联合举办全省职工职业技能大赛，为全省职工搭建起学习技术和交流技能的平台，为技术工人成才铺设一条“星光大道”。五年来，全省共有100多万名职工参与了各级各类技能竞赛活动，仅省级决赛举办了150个工种(项目)，涉及20多个行业(地区)，近1000名职工通过技能比赛晋升了技术等级。2011年，启动实施了以创建青海高原“工人先锋号”为载体的劳动竞赛活动。全省近1000家企业，30多万名职工踊跃参与竞赛活动，提出合理化建议6885项，技术革新517项，发明创造86项，创造经济效益近亿元。同时，各级工会深入开展职业技能培训、职工技术创新和选树“工人技术明星”活动。积极探索工学结合、校企合作的人才培养模式，全省建立55个工会职工技能培训基地，开展多层次、多门类、多形式的职工技能培训，提高职工技能素质。2011年，培训职工2.13万人，其中农民工1.36万人，9799人获得职业技能证书，1.56万

人通过培训实现就业和再就业。

不仅仅是青海省，近年来各级工会深入开展“创建学习型组织、争做知识型职工”活动，加强对职工的职业技术技能培训，建立了一大批职业培训机构，累计培训 3000 多万人次，使职工的终身学习理念不断强化，学习能力、创新能力、创业能力进一步增强，全国总工会还举办了“中国职工学习论坛”，建成了“中华职工学习网”。

在深圳，“白天上班，晚上上学”，已是很多年轻职工生活的真实写照，只要努力学习，在工作岗位上就能成就自己的梦想，这就是深圳市专为农民工公益教育推出的“圆梦计划”。该计划尝试以工会系统的办学资源和组织优势为依托，采取政府支持、工会帮扶、社会赞助相结合的方式，帮助对象主要是家庭困难、收入微薄，同时在深圳工作表现优秀的农民工。

深圳职工“圆梦”的舞台绝不仅仅只是“圆梦计划”。“创建学习型组织、争做知识型职工”主题系列活动，“知识改变命运，深圳让我成才”大型报告会，“深圳十大书香企业”、“深圳十大读书成才职工”评选活动、“女职工建功立业工程”、“女职工素质提升工程”……深圳各级工会组织开展的各种“提升素质”活动，吸引着越来越多渴求知识、立志成才的职工的踊跃参与。据不完全统计，三年来，全市参加工会系统组织的各项培训人数累计已超过 300 万人。

工会就是一所“大学校”，是广大职工学习、进步和提升的“大学校”。各地企业、工会一定要充分发挥工会“大学校”作用，围绕着力提高广大职工的政治思想素质，着力提高广大职工的科学文化素质和技术素质，着力提高职工的自主创新能力、着力提高广大职工的健康安全素质、着力提高广大职工的民主主法制素质等开展工作。切实加强领导，形成工作合力，务求工作实效，努力形成“以职工为主体、以阵地为依托、以企业为基础，工会推动、政府支持、社会参与”的工作格局；加强工会职工学校、文化宫、俱乐部等现有教育培训阵地的建设，充分发挥这些阵地在新形势下提高职工思想道路职业技能的优势作用；以基层职工之家、培训中心、职工书屋为依托，发挥街道、社区、企业培训机构的作用，吸引和组织企业职工参加学习，形成“上下联动、分级管理、资源共享、全面覆盖”的职工培训网络;充分利用各种行政和社会教育资源和手段,加强与行业和社会教育培训机构合作,共同推进企业职工技术素质培训工作,努力营造推进职工素质建设工程和工会“大学校”建设的良好环境,打造一支高素质的职工队伍。

# 第二章

# 以加强社会主义核心价值体系建设为核心，大力提高职工思想道德素质

全面建设小康社会、努力构建社会主义和谐社会离不开社会主义核心价值体系这个核心，实现中华民族伟大复兴的共同理想也离不开社会主义核心价值体系作为精神力量。每一个职工都要坚持以社会主义核心价值体系为指导，提高自己的政治思想境界，把社会主义核心价值体系转化为自己的自觉追求，在社会主义核心价值体系的指引下，提升自己的思想道德素质，坚定正确的信念，树立崇高的理想，弘扬爱国精神，加强道德修养，为企业和社会做出更大的贡献。

1

## 社会主义核心价值体系是我国的精神旗帜

一个国家、一个民族、一个社会在长期共同的认识和实践活动中，必然要形成一定的价值体系，其中居核心地位、起主导和统领作用的就是其核心价值体系。在现阶段，在我国社会主义建设的新的历史时期，社会主义核心价值体系就是我们的核心价值体系。

社会主义核心价值体系，是全面建设小康社会、努力构建社会主义和谐社会进程中的根本思想基础，是中华民族伟大复兴的共同精神力量。社会主义核心价值体系的基本内容包括四个方面：马克思主义指导思想、中国特色社会主义共同理想、以爱国主义为核心的民族精神和以改革创新为核心的时代精神、以"八荣八耻"为主要内容的社会主义荣辱观。

(1)马克思主义指导思想是社会主义核心价值体系的根本

马克思主义是社会主义意识形态的旗帜，规定了社会主义核心价值体系的性质和方向。建设社会主义核心价值体系，最根本的是坚持马克思主义的指导地位。只有坚持以马克思列宁主义、毛泽东思想、邓小平理论和"三个代表"重要思想为指导，贯彻落实科学发展观，才能使全国人民有一个共同的精神支柱。

(2)中国特色社会主义共同理想是社会主义核心价值体系的主题

中国特色社会主义反映了我国最广大人民的共同愿望、利益和要求，是实现中华民族伟大复兴的必由之路。在当代中国，只有走中国特色社会主义道路，才能把党在社会主义初级阶段的目标、国家的发展、民族的振兴与个人的幸福紧密联系在一起，才能把各党派、团体、各阶层、各民族

团结和凝聚起来，为实现国家的富强和人的幸福而团结奋进。

(3)民族精神和时代精神是社会主义核心价值体系的精髓

以爱国主义为核心的团结统一、爱好和平、勤劳勇敢、自强不息的伟大民族精神，是中华民族生生不息、薪火相传的精神血脉，是维护国家团结统一、鼓舞各族人民奋发进取的精神支撑。以改革创新为核心的与时俱进、开拓进取、求真务实、奋勇争先的时代精神，是推动时代发展进步的强大精神动力，是在当代中国人民的伟大奋斗中不断创造新的辉煌的力量源泉。

(4)社会主义荣辱观是社会主义核心价值体系的基础

以“八荣八耻”为代表的社会主义荣辱观是社会主义核心价值体系的依托和具体体现。“以热爱祖国为荣，以危害祖国为耻；以服务人民为荣，以背离人民为耻；以崇尚科学为荣，以愚昧无知为耻；以辛勤劳动为荣，以好逸恶劳为耻；以团结互助为荣，以损人利己为耻；以诚实守信为荣，以见利忘义为耻；以遵纪守法为荣，以违法乱纪为耻；以艰苦奋斗为荣，以骄奢淫逸为耻。”“八荣八耻”为代表的社会主义荣辱观，是中华民族传统美德、优秀革命道德与时代精神的完美结合，反映了社会主义道德的基本要求，为在社会主义市场经济条件下判断是非得失、确定价值取向、做出道德选择提供了基本准则。

这四个方面的基本内容，是从人类文明进步中、从我们党领导人民在长期实践中形成的丰富思想文化成果中提炼和概括出来的精华，集社会主义价值观念之大成。其中，马克思主义指导思想是灵魂，提供的是认识世界、改造世界的强大思想武器，是建设中国特色社会主义的理论基础和行动指南；中国特色社会主义共同理想是主题，是对国家、民族未来美好发展前景的追求；以爱国主义为核心的民族精神和以改革创新为核心的时代精神是精髓，是实现共同理想的动力；社会主义荣辱观是基础，为全体社会成员判断行为得失、作出道德选择提供了价值标准。这些方面互相影响、互相作用，形成一个统一的整体，提供了建设中国特色社会主义所需要的价值取向，是团结动员全党全国各族人民为建设富强、民主、文明、和谐的社会主义现代化国家而奋斗的共同思想基础，也是实现中国特色社会主义事业和谐发展的基本保证。由这四个部分组成的社会主义核心价值观就是我国的精神旗帜，也是亿万职工不断前进的指路明灯。

社会主义核心价值体系不仅作用于经济、政治、文化和社会生活的各个方面，而且对每个社会成员的世界观、人生观、价值观都施加着深刻的影响，具有高度的凝聚力和广泛的感召力，为推动科学发展、促进社会和谐提供了重要的思想保证和强大的精神动力。广大职工作为社会主义建设的中坚力量，必须坚守社会主义核心价值体系这个"灵魂工程"，时刻以马克思主义武装自己的思想，树立中国特色社会主义的远大理想，大力弘扬以爱国主义为核心的团结统一、爱好和平、勤劳勇敢、自强不息的伟大民族精神，大力弘扬以改革创新为核心的与时俱进、开拓进取、求真务实、奋勇争先的时代精神，树立社会主义荣辱观，分清是非，明辨美丑，并用这个"精神旗帜"指引自己前进的方向，提升自己的对于社会主义核心价值体系的理解，做一个社会主义核心价值体系的忠诚维护者和践行者。

## 2 以科学发展观为指导，树立正确的人生观、价值观

思想道德素质作为职工最基础、也最根本的素质，其中最重要的一点，就是要树立正确的世界观、人生观、价值观、世界观。正确的世界观、人生观、价值观不仅是决定一个人的思想道德水平的先导，而且也是决定一个人命运的关键。

世界观是指人对整个世界以及人与世界关系的总的看法和根本观点。世界观不同，看问题的角度就不同，得出的结论也不一样。科学的世界观是以马列主义、毛泽东思想、邓小平理论、"三个代表"重要思想和科学发展观为指导的唯物主义世界观。

人生观是指人们对人生价值、人生目的和人生道路的基本看法和态

度。由于每一个人在社会实践中所处的地位不同，人们对于人生的价值、生活的目的和意义等问题，有不同的观点和态度，形成不同的人生观。正确的人生观应是在马克思主义世界观指导下的、全心全意为人民服务的人生观。

价值观，是人们对价值问题的根本看法，包括对价值的实质、构成、标准的认识。这些认识的不同，形成了人们不同的价值观。价值观不同，追求的目标、对待客观事物的看法就不同。价值观决定着人们的行为取向，在同一客观条件下，由于价值观不同，人们会产生不同的行为。比如，在工作中，有人注重工作成就，有人看重金钱利益；有人重视地位权力，有人只想实现自我；有人诚实守信，有人贪赃枉法；有人重利轻义，有人见利忘义。这就是不同的价值观引发的不同的后果。

人生观和价值观对于一个人的人生之路怎么走有着巨大的作用，正确的人生观和价值观是我们日常行为的准则和标尺。有什么样的人生观和价值观，就会树立什么样的理想信念和人生目标，就会有什么样的思想和行为，就会导致什么样的命运和后果。只有树立正确的人生观和价值观，才能正确地指导人生的方向，才能真正成为一个素质高、品质优、奋发进取、努力向上的现代职工。

“知识型农民工”巨晓林从一名普通农民工成长为知识型新型工人农民工，成为农民工的楷模和杰出代表，正是因为他有正确的人生观和价值观，有远大的理想和坚定的信念。

1987年，家住陕西省岐山县祝家庄镇杜城村的巨晓林成为中国中铁电气化局一公司的农民工。这位个子不高、敦敦实实的年轻人，却理想高远、思想活跃、不甘平庸、勇于上进，下定决心要做就做一个最优秀的工人。刚到电气化工地时，他面对集铁路电力、变电、接触网、通信、信号等多种专业技术为一体的电气化铁路施工技术，看着一张张犹如天书般的施工图纸，还有那一堆堆叫不上名称的接触网零部件，他没有退却。白天跟着师傅学，晚上撵着师傅问，营地熄灯以后还悄悄地打着手电筒把学到的技术要领记在本子上。有许多人并不理解他，有个工友就曾问他：“你一个农民工，学那玩意有啥用！”巨晓林说：“咱一个农家子弟，找份工作不容易。干，咱就要干好！农民工也要学技术!”他铆足了劲头,一定要在铁路接触网这一行干出点名堂来,要为农民工兄弟争口气。

就是这种朴素的人生观引导着他,克服了一个又一个困难,攻克了一个又一个的难关。为了学好岗位技术,成为优秀的岗位技术能手,工资不高的巨晓林却非常舍得花钱买书。《钣金工艺》、《机械制图》、《电机学》、《接触网》等30多部专业书籍堆在他的床头,不管工地转移到哪儿,那些书都跟着他。每天他比别人早一个钟头起床,晚一个钟头睡觉。他的枕头下面藏着一个小闹钟,他恨不得一天当成两天用。20多年来,巨晓林看过的书和技术资料,从地上摞起来,已经超过了他的身高。至今,他记了70本230万字的笔记,熟练掌握了工程测量、机械制图、接触网软横跨的计算,能够解决接触网施工中的复杂问题,具备指导本工种高级工技能操作的能力,成为出类拔萃的能工巧匠。被称为“改写教科书的农民工”。并先后荣获“全国五一劳动奖章”、北京市“劳动模范”和“知识型职工先进个人”等荣誉称号,成为响当当的“金牌工人”、“农民专家”。

有什么样的人生观和价值观,就有什么样的人生理想和奋斗之路。当前,少数职工信仰缺失,没有正确和稳定的人生观、价值观,受社会上各种消极思潮影响较大,职工对企业的自豪感、荣誉感缺失,人生观、价值观发生扭曲,个人主义和拜金主义开始抬头,有些职工有投机心理和暴富心理,不遵守“显规则”而乐于研究“潜规则”,不安于工作,不屑于努力,而乐于钻营投机乐于不劳而获;一些职工成长过程中,只注重追求个人利益最大化,细算个人的利益得失账,不讲奉献,工作不尽责,投入精力不足,对企业的发展建设不关心,久而久之企业也失去了凝聚力,使企业失去活力的激情,最终导致失败。

可见,正确的人生观和价值观不论对于职工个人的发展还是对于企业的壮大,都是相当重要的。只有每一个职工都树立起正确的人生观、价值观,保持工作的激情,都能积极努力,奋发向上,正确对待工作,对待责任,对待岗位,在工作中逐渐成长,个人发展之路才会顺当,企业也才能不断发展壮大起来。

那么,职工该怎样树立起正确的人生观、价值观呢?

(1) 要以科学发展观为指导

科学发展观就是以人为本、全面、协调、均衡的发展观。以科学发展观为指导来确立我们的人生观和价值观，不仅要对自己的人生和价值有一个全面的考察和深刻的认识，还应当明确什么样的人生观和价值观是正确的。马克思主义的世界观、人生观和价值观是唯一正确的人生观和价值观。所以，每一个职工都应当以马列主义、邓小平理论、“三个代表”等正确的理论为指导，更要勇于实践，在具体的工作生活实践中培养、形成和提升自己崇高的人生观、价值观。

正确的世界观、人生观和价值观是指导一个人前进的旗帜，只有树立起正确的世界观、人生观、价值观，才能把握科学发展观的第一要义，才能获得自己的发展。不论是企业还是职工个人，发展都是最基本的宗旨，离开了发展，一切都没有意义。因而以科学发展观来指导我们树立起正确的人生观、价值观，对于发展、对于素质的提升、对于前途和未来，都至关重要。

(2)要加强学习和思考

要树立正确的人生观、价值观，就要加强学习，要学习马克思主义哲学、政治经济学、科学社会主义，学会用辩证唯物主义和历史唯物主义的观点和方法去分析问题、解决矛盾。此外，还要学习经济、政治、法律、科技、历史、文学等方面的知识。

但是光学不行，还会思考，还要学以致用，才能真正把理论转化成为自己的思想和认识，树立起自己的人生观和价值观。人生观价值观的形成不是一朝一夕的事，除认真学习外，最重要的是要经常进行自我改造，以马克思主义世界观为标准，不断检视自己的思想和行为，进行必要的批评和自我批评，克服任性和偏私。还要敢于向一切错误的思想观念、腐朽的生活方式宣战，要勇于接受监督。

(3)要正确认识自我，界定成功

树立正确的人生观需要对自己有一个清醒的认识，对人生有清醒的认识，对幸福、成功、快乐有自己的认识。首先幸福是人生追求的目的。要追求幸福，一不要拿自己的错误惩罚自己；二不要拿自己的错误惩罚别人；三不要拿别人的错误惩罚自己，而是要学会悦纳自己，不论自己是一个什么样的人，都要开开心心地接受，客观全面地肯定自己，既不高看，也不低视，不苛求自己，也不强迫自己。我们可以不断地提升自己，使自己变得更好，但我们不应该总是为了高不可及的目标让自己不快乐。人的一生应当是不断的快乐积累才构成幸福。只有每天都有快乐，你才对人生有信心，才能不停地向上，不断地前行，创造出一个又一个的奇迹，拥有一次又一次的幸福和成功。

一定要记住，金钱和地位不是成功的唯一标准。人生的成功有千千万万种，不管做什么事，不管在什么样的岗位，只要你能做得足够出色，你就是成功者，成功没有定式，幸福也没有规则。你做得够好了，你就成功了；你感觉到幸福，那么你就很幸福。不要攀比，攀比只会让嫉妒和不满滋生，只会让自己的心灵陷入地狱，让幸福和成功都远离。所以，树立正确的人生观，还需要修炼一种乐观平和的心态。

(4) 正确对待权力、金钱、地位

近些年由于西方思潮的全方位涌进，一些腐朽的、激进的或是消极的观念极大地影响了职工的思想。如个人主义、拜金主义、享乐主义、自由主义等等，都对我们的人生观价值观产生了极大的影响。

如拜金主义，从过去讲的“人为财死，鸟为食亡”、“有钱能使鬼推磨”，到现在讲的“没有钱是万万不行的”、“有钱能使官推磨”，说明了金钱的重要性。值得注意的是，有的人打着“经济效益”、“创收”的旗号，给“金钱至上”、“一切向钱看”披上合理的外衣。受这种思想的影响，多少人为此误入歧途，甚至走向地狱，俗话说得好，“纵有良田千顷也不过一日三餐，纵有广厦万间只睡卧榻三尺，家有黄金万两死后也带不走半文，”再多的钱财于人生何益？所以对金钱要有一个正确的心态，才能看淡金钱，看重人生。

再比如享乐主义，这种人生观认为“人生在世，吃喝二字”，因此贪图安逸，追求吃喝玩乐。在它的影响下，一些人讲“不要活得太累”、“过把瘾就死”等。面对灯红酒绿的美食城、歌舞厅、夜总会，有的领导干部经常泡在里面，还美其名曰“工作应酬”。对诸如此类的观念和说法，我们必须要有一个正确的区分，对错误的东西必须要坚决抵制，否则，你原来正确的世界观、人生观、价值观，也慢慢会被这些所谓的“新观念”所替代。

所以，一定要对金钱、地位和权力等有正确的认识，不要把人生的目标放在仅仅追求这些东西上面，而应当有更远大的理想，有更深远的追

求,才能不至于陷落进这些陷阱之中,使自己的人生观、价值观产生扭曲。

(5)要有正确的职业观

每一个职工都要珍爱自己的工作岗位,对从事的职业有一种自豪感、神圣感和强烈的使命感,把实现人生价值和远大理想贯穿到我们的岗位工作中去,从爱岗敬业做起。三百六十行,行行出状元,不管什么工作,只要努力去干,都会有所作为。切忌这山望着那山高,身在"曹营"心在"汉",横攀竖比,跳来跳去,这样到头来只会一事无成。只有以无比的忠心对待工作,对待企业,对待职业,才能得到工作的真心回报。要向那些兢兢业业、勤奋努力的普通职工学习,以他们为榜样,以他们作楷模,认认真真工作,扎扎实实奉献,并在奉献中收获我们的成功。

党员甘志周,在每一个岗位都干得很出色。他经常勉励自己说:愿做革命一石条,哪里需要哪里调,党叫我铺路就铺路,让我架桥就架桥。他作典型报告时又风趣地引申了这句话:原做革命一条狗,谁愿牵走谁牵走。他被评为全国劳模,受到党和国家领导人亲切接见。

清洁工人石传祥,"宁愿一身臭,换来万人洁"的豪言壮语,至今广为流传。

售票员李素丽在公交车上诠释了为人民服务的宗旨,受到百姓赞扬。

从他们身上,不仅可以折射出中国工人阶级的伟大精神,也足以看到,有着正确的人生观、价值观的职工,在对待工作,对待名利、对待成功时的高尚选择。

这些都是我们的榜样。许许多多平凡而又普通的职工,都在平凡岗位上干出不平凡业绩,一步一个脚印,扎扎实实地朝着自己的人生目标迈进。

树立正确的世界观、人生观、价值观,才能使我们有正确的前进方向,使自己的未来有更明确的目标,对自己的前途也有更科学的发展规划,也才能使自己的思想境界更高,职场之路走得更顺。

3

# 树立崇高的理想，坚定正确的信念

所谓理想，就是人们在实践中形成的具有实现可能性的对未来的向往和追求，是一种对未来的希望和想法，属于精神活动的产物。《现代汉语词典》解释为“对未来事物的想象或希望（多指有根据的、合理的，跟梦想、幻想不同）”。《新华辞典》解释为“对美好未来的设想（指有根据的，可以实现的，区别于梦想、幻想）”。

简单来讲，理想就是奋斗目标，没有理想，就没有前进的方向，就没有行动和生活的精神动力和精神支柱。崇高的理想就像是人生道路上的灯塔，是人生前进的动力，奋发努力的精神支柱，也是提高人生境界的阶梯，为我们指引着努力和前进的方向。

著名探险家约翰·戈达德15岁那年，在一张白纸上一口气列举了自己的127项宏伟愿望，如到尼罗河、亚马逊河和刚果河探险；登上珠穆朗玛峰、乞力马扎罗山和麦特荷恩山；驾驭大象、骆驼和野马；探访马可·波罗和亚历山大一世走过的道路；主演一部像《人猿泰山》那样的电影；驾驶飞行器起飞降落；读完莎士比亚、柏拉图和亚里士多德的著作；谱一部乐曲；写一本书；游览全世界的每一个国家；参观月球等等。他将这些愿望命名为“一生的志愿”。而44年后，他终于实现了其中的106个愿望。有人问他是凭什么将许多“不可能”踩在脚下的，戈达德笑着说了一句话：“是它们催着我去完成的。”

理想就是前进的目标，是人生的精神支柱，是鼓舞和激励人们奋勇前行的不竭动力。没有理想的人，就像一艘无舵的孤舟，终将被大海吞没；不肯为理想奋斗的人，就像一颗黑夜的流星，不知会陨落何方。有了理想，每走一步，都会离目标接近一步，越走越近。而崇高的理想则会把我

们带向崇高的目的地，使我们的人生也变得崇高和伟大。

青年时代的毛泽东就立下了救国救民的宏伟志向。毛泽东17岁离家赴湘乡县立东山高等小学求学前夕，写了一首《赠父诗》："孩儿立志出乡关，学不成名誓不还。埋骨何须桑梓地，人生无处不青山。"在湖南第一师范求学期间，这个志向更加坚定明确。他与志同道合的同学常用顾炎武的信条"天下兴亡，匹夫有责"来互相勉励。正是这种崇高的理想让他以非凡的胆略与智慧，领导中华民族绝处重生，仅用了二十八年时间，就使中国共产党和人民军队从无到有，从小到大，从弱到强，带领全国人民战胜了国内外所有强大的敌人，一雪百年耻辱，建立了新中国。当中国人民从列强的宰割与蹂躏中奋然站立起来以后，毛泽东在一穷二白、满目疮痍的废墟之上，许下宏愿：中国人民有志气，有能力，一定要在不远的将来，赶上和超过世界先进水平！今天，中国人民正在将毛泽东的伟大理想一步一步地变成现实。

1910年夏，12岁的周恩来，跟随伯父到东北奉天，先在铁岭银岗书院读了半年书，后来，转入奉天关东模范学堂读书。有一次，老师提出"为什么读书"的问题，要同学们回答。有的说"为了明礼而读书"，有的说"为了光宗耀祖而读书"，还有一个学生说"为了帮助父亲记账而读书"，弄得哄堂大笑。当老师问到周恩来时，他站起来响亮而严肃地回答说："为中华崛起而读书。"

正是这个宏伟志向引导着周恩来一生致力于中华崛起，为了国家的富强、人民的幸福鞠躬尽瘁，死而后已，不仅开创了中国革命的新篇章，还为中华民族的崛起和富强立下了不朽的功勋。

一个人的理想高度决定着一个人的人生高度。只有具有崇高理想的人，才能使自己的人生也变得崇高而伟大。崇高的理想就是人生的指路明灯，就是人生不灭的太阳。崇高的理想对人生有着积极的指导和促进作用，激励人们倾尽全力去行动、去实现既定的目标。因此，树立起崇高远大的理想，不仅是我们思想道德素质的重要内容，也是促进自我发展的重要前提。

当然，理想因人而异，不是每个人都能成为爱因斯坦、牛顿、马克思、毛泽东等世界级大家。我们应根据自身能力、社会环境与客观规律等因素来选择适合自己的理想,把个人志向与社会主义、产主义理想统一起来,将自己的一切同祖国、同人民、同人类的命运永远结合在一起,成为一个有作为、有价值的人。理想如果脱离社会现实,那就成了"夸父追日"般的白日梦,即便累死也是徒劳无功。崇高的理想就像高楼大厦一样应该建立在牢固的现实根基上,而不是建立在空想的沙滩上,否则注定会轰然倒塌,一败涂地。当然为自己的未来设置更高的目标,也并非不可取,但要保留在脚踏实地的行动基础之上。

崇高的理想除了与现实相结合,还应该与我们的国家、我们所处的时代、乃至整个人类的理想相结合,让我们的理想成为国家理想、时代理想、人类理想中的有机的一部分,并为之而不断奋斗,这样的理想就会变得格外有意义。

当前,在中国共产党领导下走中国特色社会主义道路,实现中华民族伟大复兴,建立一个"富强、民主、文明的社会主义现代化国家",是现阶段我国各族人民的共同理想。那么,在我们树立理想的时候,可以将我们的理想和国家命运结合起来,让我们为之奋斗的事业成为国家建设、社会主义事业乃至人类幸福的一部分。比如国家正急需发展高新科技,我们可以把理想设定为"为中国科技事业而奋斗";我们国家法制建设还很落后,我们可以把理想设定为"为提高中国公民法律意识而努力"。千万不要认为自己只是一个平凡的员工,这样的理想与我们相距太远,不切实际。殊不知你的每一点努力、每一点成绩都在为祖国的富强添砖加瓦,都在为我们实现共产主义理想奉献着自己的力量。当我们把自己的理想、自己的目标和我们的共同理想紧密结合在一起时,平凡的我们也必将会达到人生的最高境界。

谈理想就少不了信念。因为信念是理想的护航灯。只有理想没有信念,理想就很有可能会沦为梦想或是空想,永远难以实现。所谓信念就是人们在一定认识基础上确立的对某种理论主张或思想见解及理想坚信不疑,并努力身体力行的精神状态,是为理想而奋斗的内在精神力量。通俗地理解,就是自己始终相信并坚持到底的一种认识。

理想和信念,是一个人世界观、人生观和价值观的具体反映,也是一个人的思想素质在奋斗目标上的具体体现。理想和信念,不论对于个人

还是组织，都是前进的方向和目标，是坚持的理由和信心。如果没有或丧失理想信念，就会迷失奋斗目标和前进方向，就会像一盘散沙而形不成凝聚力，就会失去精神支柱而自我瓦解。关于这一点，国家副主席习近平同志 2010 年 9 月 1 日在中共党校 2010 年秋季开学典礼上的讲话中作了深刻的阐述：

……理想信念，是世界观和政治信仰在奋斗目标上的具体体现。一个国家、一个民族、一个政党，任何时候任何情况下都必须树立和坚持明确的理想信念。如果没有或丧失理想信念，就会迷失奋斗目标和前进方向，就会像一盘散沙而形不成凝聚力，就会失去精神支柱而自我瓦解。我们党从成立那一天起，就在马克思主义世界观指导下把在中国实现社会主义、共产主义确立为自己的远大理想和奋斗目标，一代又一代中国共产党人确立了为之不懈奋斗的坚定信念。革命战争年代，革命先烈在生死考验面前所以能够赴汤蹈火、视死如归，就是因为他们对崇高的理想信念坚贞不渝、矢志不移。……同样，在和平建设和改革开放时期，许许多多共产党员所以能够在平凡的岗位上做出英雄壮举，也是因为他们具有崇高的理想信念。一些领导干部蜕化变质、堕落为腐败分子，根本原因在于放松了世界观改造和思想道德修养，背弃了共产党人的理想信念。无论社会怎么发展，无论经济怎么繁荣，如果放弃了对崇高理想信念的追求，我们的国家、我们的民族就不可能巍然屹立于世界。这个真理，各级领导干部要始终铭记。

习近平副主席的这番话不仅仅是各级领导干部树立理想信念的箴言，也是全国上下、每一位职工、每一个公民的思想指南；不仅各级领导干部要始终铭记理想信念，作为普通的员工，也应当时刻铭记我们的共同理想和远大目标。

也许有一些员工会觉得，这样的崇高理想和信念与自己没有关系，自己只不过是普普通通的一个职工而已。这种想法完全错了。所谓“国家兴亡，匹夫有责”，不论是谁，不论是干部还是普通职工甚至是一般公民，在中国共产党的领导下，就有责任和义务听从党的指挥，服从党的领导，一心一意跟党走。党的信念就是我们的信念，党的目标就是我们的目标，就是所有人的共同的目标。走中国特色社会主义道路,实现中华民族伟大复兴就是我们所有人的共同理想和共同信念。

对于广大职工甚至整个工人阶级而言,还不同于一般的公民。因为中国共产党发端于中国工人阶级,依托于中国工人阶级,工人阶级是中国共产党的阶级基础和信念源头,中国共产党的信念就是工人阶级的信念,中国共产党的理想就是工人阶级的理想,中国共产党体现了中国工人阶级的基本特点和优秀品质,是中国工人阶级的先锋队,代表着中国工人阶级的全部利益,也更需要工人阶级的全力支持。作为一个职工,作为中国工人阶级庞大队伍中的一员,永远跟党走,坚定不移听党指挥,不仅是工人阶级的铿锵誓言,也是每一个职工应尽的义务。所以,党的最高理想和最终目标——实现共产主义就是我们所有人的共同理想,而相信共产主义一定会实现,就是我们应当秉持的坚定信念。

## 4 弘扬爱国精神,把爱国融入爱企业爱岗位之中

爱国主义是千百年来固定下来的对祖国的一种最深厚的感情。它和为国奉献、对国家尽责紧紧地联系在一起。爱国主义是一种崇高的思想品德和伟大精神。爱国精神,是社会主义道德建设的基本要求,也是职工思想道德素质建设的重要内容,同时也是中华民族的优秀传统。

漫长的中华民族发展史就是一部爱国史,涌现出数不清的爱国志士和民族英雄,如不畏强暴的晏婴,英勇抗击匈奴的卫青、霍去病,精忠报国的岳飞,“男儿到死心如铁”的辛弃疾,保卫北京的于谦,抗击倭寇的戚继光,横戈戍边的袁崇焕,少年英雄

夏完淳，“也留正气在乾坤”的张煌言，收复台湾的郑成功等等。

特别是在近现代的历史上，当中国遭到帝国主义列强的疯狂侵略，出现了亡国灭种的危机时，中华儿女的爱国主义精神更是越加激发而不可动摇，越发显示出它的战斗锋芒和精神力量。从孙中山、黄兴、邹容、秋瑾等资产阶级革命家到李大钊、毛泽东、周恩来、刘少奇、朱德、彭德怀、董必武等无产阶级革命家，都继承了中华民族“以天下为己任”的爱国主义优良传统，将振兴中华的责任置于肩上。近代以来的中国历史证明，中国共产党在爱国事业方面做出的伟大成就，超过了中国历史上任何阶级和政治集团在这方面曾达到的高度。他们的爱国献身精神至今仍具有巨大的精神感召力，是新一代人成长的模范和榜样。

当今的中国，正处在一个前所未有的和平盛世和大发展时期，爱祖国已不再需要我们在枪林弹雨中出生入死，不需要我们抛头颅、洒热血。但现阶段的爱国也不是大而化之的口号，不是可望而不可即的光环，更不是大事做不来、小事又不做的“口头爱”，一样要拿出实实在在的行动来。

广大职工作为建设社会主发事业和推动祖国繁荣富强的中坚力量，也应当是一支以实际行动爱国的大军。我们应当怎样才能弘扬爱国精神，为祖国的发展贡献自己的力量？毫无疑问，要从爱岗敬业开始，从爱企业、爱岗位、爱工作开始。扎扎实实把自己的本职工作做好做完美，在自己的岗位上为企业作贡献，就是对国家作贡献，就是爱国。要继承和发扬爱国主义精神，就必须脚踏实地、身体力行、尽职尽责地做好本职工作。

“天下兴亡，匹夫有责”，爱国是一种情感，一种价值观念，更意味着一种对国家和民族的责任。欲尽其责，必先履其职。爱工作就是爱国，爱岗位就是爱国，爱企业就是爱国。对于职工而言，爱国精神其实就贯通在我们的工作、我们的岗位、我们的职责之中。

2008年的汶川特大地震，广大党员、干部、医务人员、解放军和武警将士，舍生忘死，抗震救灾，他们在履行自己职责的同时，也是在践行着伟大的爱国主义精神。谭千秋在危难之际，舍身保护学生，在生命的最后一刻履行了一位教师的职责，也诠释了爱国主义的深刻含义；蒋小娟放下不到六个月的儿子坚守岗位，为灾区婴儿哺乳，民警这个普通的职业在这一刻而变得神圣。

北京奥运会、神七升天、神九交会对接、嫦娥探月，每一个昭示着国家和时代进步的重大事件和成就，都离不开爱国主义和爱岗敬业精神的支撑。

时代不同，爱国的内容亦有不同；岗位有别，爱国的表现亦有区别。每个人都从自己做起，从小事做起，从身边做起，从岗位做起，扎扎实实努力，认认真真工作，在自己的企业中，在自己的岗位上甘心奉献，无私付出，就是最好的爱国。只有在任何时候都能做到这些，到了祖国需要我们挺身而出的关键时刻，才会义无反顾，勇往直前。

一个人的能力有大小，职务有高低，只要热爱本职工作，在自己的岗位上尽职尽责，就是抓住了爱国主义的着力点，就是在实践中对爱国主义的最好诠释。战争年代，振臂一呼，投笔从戎是爱国；和平时期，爱岗敬业，默默耕耘同样是爱国；教师爱国，最好的方式就是做好教学工作，对每一个学生负责；医生爱国，最好的方式就是发扬医德，治病救人；企业职工爱国，最好的方式就立足岗位，尽职尽责，在其位、谋其事、履其职、尽其责，兢兢业业，扎扎实实，竭尽全力把自己的岗位工作做到优秀、卓越、尽善尽美，就是最好的爱国！

## 5 坚持改革创新，弘扬时代精神

创新是民族进步的灵魂。没有改革和创新，就没有进步，没有发展，没有前进，没有未来……改革创新是时代的主旋律，也是社会发展、国家兴旺、企业进步、个人成功的关键。改革创新是时代精神的核心，是当代中国人民精神风貌的集中写照，也是社会主义核心价值体系不可分割的

重要组成部分，更是社会主义核心价值体系的精髓。

时代精神的内涵丰富，主要体现为解放思想、实事求是，与时俱进、勇于创新，知难而进、一往无前，艰苦奋斗、务求实效，淡泊名利、无私奉献的精神，而其中最重要、最核心的精神，就是改革创新精神。因为改革创新是时代的最强音，是中华民族繁荣发展的灵魂，是我们国家兴旺发达的不竭动力。

中华文明历来注重自强不息，革故鼎新，不仅以著名的“四大发明”、万里长城、京杭大运河等伟大创造闻名于世，以诸子百家思想丰富了人类的文化精神宝库，而且以不断变革创新的实践，不断变法自强的革命，不断求新求变的改革，创造出了中华民族最辉煌、最灿烂的文明，同时也奠定了中国文化积极进取、奋发向上、求新图变、变革自强的品质和传统。

特别是近几十年来，改革创新一直是中华民族的主旋律，中华民族也凭借这一精神，开创了一个前所未有的和平盛世，使我国的社会主义事业插上了腾飞的双翅，创造了前所未有的发展奇迹。

当代中国，以改革创新为核心的时代精神是适应社会发展和现代化建设要求的核心价值要求。在国民素质教育和精神文明建设过程中，开展以改革创新为核心的时代精神教育，是实现社会价值传递和个体价值塑造的重要载体，也是协同社会价值观、激发民族凝聚力，促进社会和谐、统一、稳定的根本途径。

作为一名普通的职工，同样要始终坚持改革创新，大力弘扬时代精神，做一个图新图变、敢想敢做、大胆创新的新时代的好职工。这不仅是职工素质的要求，更是时代的要求，发展的要求，改革的要求，未来的要求。

我们身处的是一个变革的时代，变革无处不在。即便是在我们的岗位工作中，变革也随处可见，也人人可以做到。

正在全国广泛开展的“五小”活动是以“小发明、小改造、小革新、小建议、小设计”为主要内容的经济创新活动，是由工会组织，以提高经济效益和职工人才建设为目标，紧密结合企业技术进步和节能降耗，从小处入手，立足小改小革而进行的群众性技术革新、创造发明和献计献策活动。近些年通过在全国的大力推广，取得了极大的效益。一大批身处一线的“小专家”、“小博士”、“小诸葛”脱颖而出，成为岗位“创新能手”、“金牌员工”、“专家员工”。

王奇峰原是河南银鸽集团的一名看汽工。他采取合理控制程序的办法，把每生产 1 吨纸用汽 4 吨减少到 3 吨。而节省 1 吨汽即可节省 130 元，按照银鸽集团的生产规模，每年仅用汽量就可减少近 40 万吨，节约成本 500 万元。他还通过增加水温、改变喷水方式等办法，对造纸成型网和毛毯用水进行工艺改造，使每吨纸的用水量减少了近一半。王奇峰不仅获得了银鸽集团百万元创新基金的巨额奖励，还多次被评为“银鸽之星”，由集团公司组织到国外旅游考察，足迹踏遍 10 多个国家和地区。

不要以为自己的岗位平凡，变革就会自己无关。看汽工的岗位不可谓不平凡，但是只要有认真细致的工作态度，有善于思考、勤于思考的习惯，有运用智慧、敢于创新的精神，一样可以创新，一样可以做出不同一般的业绩。不论什么样的岗位，无论怎样平凡的岗位，都一样可以成为创新和发明的舞台，关键就在于要坚持改革创新的精神。

改革创新是社会发展的推动力，改革创新是一个民族进步的灵魂和精神支柱，是一个国家兴旺发达的不竭动力。胡锦涛同志指出：“要大力弘扬以爱国主义为核心的民族精神和以改革创新为核心的时代精神，不断增强全民族的自尊心、自信心、自豪感，不断增强全社会的进取精神、开拓勇气、创新能力，激励全国各族人民为实现中华民族的伟大复兴而团结奋斗。”历史已经证明，一个墨守成规的民族是不可能长期繁荣富强的。只有每一个职工都有敢于创新、勇于创新的精神，都开拓进取，在自己的岗位上大胆探索，图新求变，我们的未来才能更加美好，更加辉煌。

# 6 加强个人品德修养，提升个人道德素质

个人品德是指人类个体以心理活动形式表现出来的道德观念、道德情感、道德行为和道德品质。是由多种成分构成的一个有机整体，是人在与社会环境的相互作用中表现出来的独特行为模式、思维方式和情绪的反应，是人在社会化过程中形成和发展的人的思维能力、认知能力、行为动机、情绪反应、人际关系、态度和信仰、道德价值观念等方面的特有统合模式。

个人品德的内容很多，涉及广泛，例如诚实信用、文明礼貌、遵守公德、团结友善、重诺守信、大公无私、忠诚老实、坚定勇敢、谦虚谨慎、艰苦朴素、正直公平、严于律己、廉洁奉公、乐于助人、甘心奉献、善良敦厚、勤奋刻苦、自尊自强、遵纪守法等等，这些都是个人品德修养的内容。其中最重要的是正直、善良、诚信、忠心、负责、宽容、勤奋、助人、友好等直接关系到立身处世的道德和品质，这也是最为人们所称道的个人道德品质。

中华民族历来有崇德重德、尚德倡德的传统，古语有言，“人无德不立，国无德不兴”，德是一个人立身立业的根本，也是一个人处世为人的基础。在我们朴素的道德传统中，有道德的人就是“好人”，就应当受到尊敬和景仰；缺乏道德的人就是“坏人”，是人人得而诛之的“恶徒”。即便在今天，“好人”依然是社会对于个人道德判断的一个基本“标准”，那些道德高尚的人就是“好人”。这样的“好人”比比皆是，像雷锋、刘英俊、郭明义……

“好人郭明义”，这是人们对做了 30 多年的好事，以帮人助人为己任，甘心付出、不计回报的道德模范郭明义的亲切称谓。

郭明义 1977 年参军开始，就以雷锋为榜样，开始了他“做好事”的旅程。1980 年他被评为“全师学雷锋标兵”，1982 年转业分配到鞍钢矿业公司齐大山铁矿工作。但学雷锋、做好事的习惯却保留了下来。30多年来，郭明义始终以雷锋为榜样，把扶危济困、播撒爱心当成毕生天职。他先后捐款12万元，资助了180多名贫困孩子；无偿献血6万多毫升，相当于自身全部血量的10倍；他的家中却一贫如洗；妻子在鞍山市第四医院工作，下班时，只有她一个人往郊区走；他的女儿22岁了，从小到大只能睡在门厅里，冬天一家三口就住在一个只有15平方米的房间里。他的女儿上大学四年，从没有去过一次稍好一点的餐厅。他始终关心职工疾苦，凡是职工有困难，他总是毫不犹豫地帮助。一位电铲司机的爱人没有工作，家里两个孩子上学，他经常送去学费和生活费；一位平路车司机患上重病，他先后6次送去1000多元钱……仅在采矿作业区的一个班组，30名工友中就有23人受到过他的直接资助。

郭明义的事迹感动了千千万万的人，郭明义的事迹唤起了人们的爱心。他发起成立的遗体和眼角膜捐献志愿者俱乐部，已有200多名矿业职工参与；在他的感召下，16000多名工友和来自全国各地的志愿者积极投身于捐资助学、无偿献血、捐献造血干细胞等社会公益事业。2010年8月1日，胡锦涛总书记对郭明义同志的先进事迹作出重要批示：“郭明义同志是助人为乐的道德模范，是新时期学习实践雷锋精神的优秀代表。要大力宣传和弘扬郭明义同志的先进事迹和崇高品德，为构建社会主义和谐社会提供强大精神力量。”并在全国上下掀起了向郭明义学习的高潮，更多的人加入到了“好人”的队伍里。

个人是社会的细胞，社会道德也是由每个人的道德修养所组成，个人道德是社会道德的基础。要加强社会主义社会道德建设，就必须以提高社会成员的个人品德修养为前提。个人道德修养提高，才能带动社会道德的整体提升。道德大厦的建设需要每个社会成员添砖加瓦。只有人人修身自律，躬行实践，自律自省，完善自我，才能积小流而成江海，积小善而成大德，形成人人讲道德，人人重修养的道德提升氛围，使全社会的道德素质都得到大的提升。

# 7 遵行社会公德，维护社会的和谐安宁

社会公德作为人类社会生活中最起码、最简单的行为准则，是人们为了维护整个社会的利益而约定俗成的我们应该做什么和不应该做什么的行为规范，是维持社会公共生活正常、有序、健康进行的最基本条件。遵守社会公德是维护社会公共生活正常秩序的必要条件，也是成为一个有道德的人的最基本要求。

公德建设一直是我国社会主义道德建设的重要内容，也是公民素质建设的重中之重。从 20 世纪 50 年代以“五爱”为主要内容的公德教育，到 60 年代在全国掀起的学雷锋活动高潮、80 年代初的“五讲四美三热爱”群众性精神文明创建活动，再到 90 年代及其以后以“讲文明树新风”为主题的创建文明城市、文明村镇、文明行业活动，以及社会各界组织的“希望工程”、“送温暖”、“志愿者”、“手拉手”、“春蕾计划”、“扶残助残”、“百城万店无假货”、“保护母亲河”等活动，都成为社会公德建设的良好载体，使人们通过亲身参与和体验增强了践行社会公德的自觉性，也使得一些新的社会公德规范和要求在实践中形成并被人们所接受。例如，人们在相互交往及公共场所活动时更加注意言谈举止的文明礼貌，一些行为礼仪已被人们了解、接受并逐渐成为习惯；热爱自然、保护环境的公德意识越来越深入人心，人们对待自然的态度和行为方式发生了重大变化，等等。

当前我国的社会公德建设主要是以《公民道德建设实施纲要》中所明确的“文明礼貌、助人为乐、爱护公物、保护环境、遵纪守法”为主要内容，也就是五个方面的公德领域：礼貌公德、爱心公德、环境公德、秩序公德和法治公德。

公德素质与我们后面讲到的社会文明素质有很多共通的地方，我们后面还会详细谈到。这里只谈谈遵守公德对于维护社会安宁和谐的意义。

公德是需要社会公众的每一个人都共同遵守的道德，因为社会公德调节的就是社会的公共秩序和公共利益。如果人人都不遵守社会公德，那么我们的生活秩序就会被打乱，生活质量也会降低，公共效率也会变弱，人际关系恶化，影响社会的和谐和安宁。

北京有很多公园都实行了免费政策，不收门票。但一免费问题就来了，很多人到公园里，躺在座椅上，一躺就是半天，有的把小推车推到公园里叫卖，还有的在公园里吵吵闹闹、袒胸露背，弄得公园像集市一样。有很多习惯到公园里遛早、散步的中老年人都说，免费以后，公园变得不像公园，比过去拥挤，比过去脏了。有很多不太守规矩的或者不讲公德的人把这个空间弄得是乱七八糟，公园这个本来供大家休闲、散心的场所变成了让大家烦累、闹心的场所，都是因为公德意识的缺乏。

不讲公德也会引发矛盾，影响邻居间的和谐相处，使人际关系恶化。有两家住在大杂院里的，平时关系还不错，正好他们住对面，门对门，窗户对窗户。后来有一家夏天装空调了，空调散热器就放到两家之间的走道里。这个散热器平时要往外排热风，有一些噪音。对面那家就不干了，说这个是有问题的，你怎么能这么做呢？你自己屋里是凉快了，把脏的热空气都喷到我们家窗户上。不行，于是他就想方设法让对方把这个东西挪走，经常搞点小动作、小破坏什么的。那家人说你不是搞小破坏吗？人家法律意识还挺强，干脆买一个摄像头装在自己窗户里面，看你还敢不敢动。你敢动我这儿都拍下来，拍下来之后就让派出所抓你。好好的两家人因为这些事情造成了一些矛盾，弄得关系非常紧张，不和谐的因素也就增加了。

不遵守公德，还会导致整个社会的经济、环境、生活的质量和效率都被降低。举一个很简单的例子，在中国，有不少人不习惯排队，或者一看着排队就会寻找一些熟人加在那儿谁有熟人谁就往里加，谁有关系谁就往里挤，大家都不守秩序，最终大家的事情都不能及时办理，还平添许多矛盾和意见，甚至引发一些纠纷，大大影响了排队的效率。这种问题很普

遍。更延伸一点，在马路上，中国的司机开车，心特别急，经常会变线窜到另外一道，抢在另外一个车队的前头，这都是不讲公德、没有规则意识素质低下的一种表现，而这种低素质造成的正是低效率。

就比如开车，德国人和英国人都不爱超车，而是老老实实排着队地开。但是在公路上的车速却比我们老爱超车的速度还快。为什么？因为大家都遵守交通规则、遵守秩序，整个秩序良好有序，整个交通的流量就很大很快；而一旦大家都不守秩序，人人都想快一点，都超车，都抢道，整个秩序乱了，车速肯定快不起来，效率也就低了。

在一个人人都不守规矩、人人都不讲公德的社会，就没效率，没有和谐，没有安宁，没有安全，也没有高质量的生活。也就是说，如果人人都不守社会公德的话，这个社会就维持不下去。所以，遵守社会公德，不论是对于维护整个社会的利益还是对于维护每一个人的利益，都是相当重要的。只有人人都守公德，社会才会有公德，也才能使人人都享受到公德带来的好处，才能使社会安宁和谐。

8

## 恪守家庭美德，促进家庭的幸福美满

家庭美德是人们在家庭生活中应该遵循的行为准则，是指关于家庭的道德观念、道德规范和道德品质。它涵盖了夫妻、长幼、邻里之间的关系。家庭美德是调节家庭成员之间，即调节夫妻、父母同子女、兄弟姐妹、长辈与晚辈、邻里之间，调节家庭与国家、社会、集体之间的行为准则，也是评价人们在恋爱、婚姻、家庭、邻里之间交往中的行为是非、善恶的标准。家庭美德还包括在家庭生活中，在道德意识支配指导下，按照家庭美德规范行动，逐渐形成的人们的道德品质、美德。

家庭美德是家庭幸福生活的力量源泉。恪守家庭美德，也是一个人道德素质的具体体现。按照《公民道德建设实施纲要》，家庭美德涵盖了尊老爱幼、男女平等、夫妻和睦、勤俭持家、邻里团结五个方面。

尊敬老人，孝顺父母，爱护弱幼，心疼孩子，这是每一个为人子女、为人父母都应尽的职责和义务，也是家庭美德最重要的内容。中国有句古语："百善孝为先"。意思是说，孝敬父母是各种美德中占第一位的。人生在这个世界、长在这个世界，都源于父母。是父母给了我们生命，是父母哺育我们成长，是父母给我们言传身教。所以孝敬父母是我们每个人都应该做到的，但也是我们每个人都最容易忽视的。

有一本很感人的书《父母离去前你要做的 55 件事》，里面有一个故事：

父亲曾是银行职员，即使退休以后，每周也会用一半时间去当地市政府做些审计工作。审计工作比想象的要忙不少，一点儿也不轻松。

偶尔，父亲也会发点儿牢骚，说些心里话："总靠我这样的老头子在第一线工作可不行，年轻人早该接班了，可就是顶不上来。"

一方面，我觉得父亲在身体硬朗的时候，多少参与点社会活动是件好事；另一方面，我又觉得他已经年过七旬，也该享受一下晚年的悠闲时光了。

有一次趁回老家的工夫，我建议道："爸爸，什么时候咱们全家一起去旅游吧。"

"好啊，可是要等到现在的工作辞掉以后才行啊。"

父亲虽然这么说着，脸上却是掩饰不住的高兴。

"去旅游有个三天两夜就够了，不用等那么久。您先把护照办了吧。"

我一拍脑门想出的主意，却被父母欣然接受了，二老很快就去办了五年期限的护照。

要带着年过七旬的父母出游，而且是从未出过国的两位老人，我想还是去和日本时差比较小的亚洲其他地区更合适。去

香港，还是去台湾，要不然去上海？……我和太太兴冲冲地找来一大堆彩页，正打算安排具体行程，不想父亲却在这时突然住院了。

就在父亲的审计工作告一段落，正盘算着如何自由自在地享受晚年生活的时候，他却一病不起。刚住院时检查的结果是肺气肿，不久却被确诊是肺癌。

我一时间着了慌。答应父母一起出国旅游的承诺还没有实现，三个月前在东京买的新房子也还没邀请二老来看过。

我曾经犹豫过现在买房子是否太早，却模糊记得父亲说道："买房子越早越好，只有住进自己的房子，才能有一家之主的感觉。"正是父亲这句话，才让我下了决心购买属于自己的房子。

上一代做父亲的男人们，给人的整体印象总是威严有加，父亲就像其他人一样，也是那种在教育子女上特别严格的人。

我想也许他是有着自己的一套教育理论吧，尤其我是家里的长子，他对我更是特别的严格。

然而少年时期的我十分叛逆，最终走上了一条与父亲的希望完全相反的道路。直到成人之后，我才理解了他的苦心。

而父亲也在慢慢地改变。经过了退休、我姐姐结婚生子、我结婚，每到他自己或是孩子们的某件大事完成，父亲就少了一分严肃，多了一分亲切。

我和父亲之间的关系，也开始慢慢向彼此靠拢，偶尔地，我也会跟他谈谈自己的工作，聊聊我们夫妻之间的一些家常琐事。

在父亲住院期间，我不停地对他说："等您出了院，一定要来看看我的新房子，还有，别忘了我们还要一起去国外旅游呢。"

我以为，儿子的话对父亲病情的好转一定会有帮助，至少我是相信这一点的。然而，病魔却毫不留情，步步紧逼。半年后，父亲去世了。从未走出过日本一次，从未看一眼儿子的新家，就这样，父亲一个人去了另一个世界。

葬礼结束的那天晚上，母亲拿出了父亲的护照。

打开一看，还剩三年的有效期限。我心里涌起对自己强烈的谴责，我让二老去办护照，却没有马上带他们出国旅游。

办护照的时候父亲72岁。看着护照上他严肃干练的面容和工整的签名，想着今后还有一大堆需要向他老人家请教的事情，我的喉头开始哽咽起来。

看完这个故事，我自己的喉头也有些哽咽。“树欲静而风不止，子欲养而亲不待。”还有什么比这样更让人心酸的呢？所有的儿女都应当记住“及时行孝”。别以为后面日子还很长，别以为父母会慢慢等你尽孝。有人说，等我有钱了，我要大把大把的塞给爸爸妈妈，让老人家坐在钱堆上随便花；有人说等我有时间了，带着爸爸妈妈，游完国内，游国外，让爸爸妈妈在有生之年潇洒个痛快！——但是，等待你把钱挣到手了，爸爸妈妈还有兴趣坐在钱堆上花吗？等你有时间了，想带着爸爸妈妈去周游世界，他们还能上得去飞机吗？等你有……爸爸妈妈还……当我们静下心来好好地想一想时，对爸爸妈妈的孝心，其实不就是在我们平时多花点时间就可以完成的吗？

“天地重孝孝当先，一个孝字全家安。”出门在外不是借口，工作忙碌不是借口，没有话说更也不是借口。即便不能回家，也可以给家里打打电话，三分钟的时间真的没有那么难挤出来。可以和爱人一天一个小时，也请给他们三分钟的时间吧。问问今天忙些啥，问问今天吃些啥，就像当年他们问我们的一样，他们不会像我们那样，觉得烦了。特别是在外奋斗的朋友，如果按一年回家一次，陪父母的时间是何其可怜！每次回家都是匆匆地来匆匆地去，好像把家里当旅馆一样。可是无奈的我们为了生活打拼，所以真的欠老爸老妈很多很多……所以更要时常跟父母联络感情！哪怕一个电话、一句问候！

风雨无阻是父母的爱，难以报答是父母的情！父母正在老去，我们做儿女的就更要及时孝敬父母，和父母多交流，告诉你的现状、倾听他们的回忆、为他们丰富精神和业余生活，多回家与他们相伴……其实孝敬父母很简单，千万不要让年老的父母等我们太久。

做儿女的要孝敬父母，做父母的也要爱护儿女。家庭的幸福是全家的事情，需要家里每一个人的共同呵护。父慈母爱，子孝孙贤，就是人生的最高追求，也是最珍贵、最美满的福分。

父母对孩子的爱，几乎所有的父母都能做到最好。特别是在当前大

多数家庭都是独生子女，父母对孩子更是操尽了心，竭尽全力为孩子创造良好的成长环境。良好的教育方式、温馨的家庭环境、快乐的教育方法，无疑是孩子健康成长的基石。所以，父母给孩子提供温馨快乐的家庭气氛是非常重要的，在爱中长大的孩子，会懂得如何去爱别人。不要一味地追求孩子学会了几个汉字，能算多少以内的加减法，培养孩子的学习兴趣才是最根本的。不要动不动就骂孩子，说孩子笨。孩子是拿来夸的，只有有针对性地多鼓励、多夸奖，孩子才会智商高、情商也高，自觉性也强。需要注意的是，疼爱可以，千万不可溺爱，溺爱就不是爱而是害了。

当然，尊老爱幼不仅仅是对自己的父母自己的儿女。古话说得好，“老吾老以及人之老，幼吾幼以及人之幼”，对待别人的父母、别人的孩子也要像对待自己家的老人和孩子一样尊敬和疼爱，才是真正的有德行为。

男女平等是指男女在政治、经济、文化和社会生活以及家庭生活等方面享有同等的权利、履行同等的义务。在家庭里主要表现为夫妻平等，互敬互爱。

夫妻是家庭中最重要的关系，互敬互爱、互相忠诚、互相激励、互相扶持，正是夫妻相处之道。夫妻关系是家庭中最重要的关系，其他的所有的关系都是围绕夫妻关系而展开的。所以，夫妻恩爱是幸福家庭的基础，是幸福的源泉，是完美人生的关键。夫妻关系是任何亲情关系都不可取代的。

有这样一个故事：一个教授在一个公开场合进行一次测试，让一个女人在黑板上写出生命中最重要的20个人，她如实写下丈夫、父母、孩子、朋友、亲戚、同事、邻居、领导，等等，然后教授说，生活中你碰到一次意外，这些人中会有5个离你而去，请你划去不太重要的5个人，她如实划去5个人。然后教授又说，你还会遇到意外，生命中还会失去5个重要之人，她又如实划去5个人……黑板上只剩下父母，孩子，丈夫的名字了，教授说，现在你又要失去两个亲人，请你划去两个，当时现场一片紧张，她噙着眼泪默默划去了父母的名字，最后教授说只能留下一个人，她看着丈夫、孩子的名字，一个也不忍划去，踯躅了很久，最后眼里含着泪，颤抖着手划去了孩子的名字。当时教授就问她：父母给了你生命，而孩子是你身上掉下的肉，你为什么把他们划去了？

她哭着说：父母年迈了，早晚会离我而去，孩子长大了，也会离开我身边，而丈夫是时刻陪伴我到老的那个人。

是的，只有夫妻是相互扶持相伴到老的人，只有这个人是陪你到最后的人。所以夫妻关系是家庭中的核心关系，家庭和谐不和谐、美满不美满、幸福不幸福，都要看夫妻关系是不是和谐、是不是美满、是不是幸福。

对于广大职工而言，大多都是为人夫为人妻的人，所以职工也是家庭建设的支柱，家庭的幸福需要我们自己去用心呵护。做妻子的要爱自己的丈夫，做丈夫的也要爱妻子，夫妻才能和美，家庭才能幸福。

成功的婚姻不会没有争吵和波折，那所谓完美到举案齐眉、相敬如宾的婚姻并不是凡人效仿的楷模，幸福的婚姻一定会有韧性和弹力，经得起风雨和外界的干扰，每个家庭成员都可以在这样的婚姻中找到自己需要的东西，互有牺牲、互有收获。一个温暖的婚姻即使争吵了、埋怨了，下一刻，你依然会惦记着对方的冷暖喜忧，你仍在对方心里。这就够了。幸福在坎坎坷坷的缝隙中流淌出来，感情在平淡无奇的日子里润物无声，这本来就是平凡人生的真正的幸福。

勤俭持家是文明健康家庭的重要标志。勤俭即勤劳节俭。勤劳是指不要懒惰，要努力劳作，不怕辛苦，尽力多做事。只有凭自己的双手和智慧，通过辛勤劳动，才会获得经济收入的增加和生活条件的改善。节俭是对消费要加以合理节制，不要浪费，不要奢侈。勤俭持家、勤劳致富，是中华民族的传统美德，是家庭兴旺的保证。

邻里关系是社会生活的基础，是社会稳定的基础，和睦相处的邻里关系是建设和谐的小康社会的需要。邻居间的相互关爱互相帮助，是一种美德，无论是平常的生活中，还是在突发事件中，有困难了最能救急的就是邻居。在四川汶川的特大地震中，很多灾民就是邻里互救，为等待救援人员的到来，挽救垂危的生命赢得了宝贵时间。邻里是生活中接触最多的人，相处时间较长，少则几年，多则十几年，甚至几十年，很多人都已逐渐建立起深厚的友谊和感情。邻居家有了困难，都会积极地无私地予以帮助；邻居家有了病人，都会尽力地热情地给予关照；长辈关怀爱护邻居家的孩子，孩子们更尊敬邻居家的长者；这样的邻里之情可以胜过“远亲”，甚至“亲如一家”。所以有句老话就是“远亲不如近邻”，还有“千金买宅，万金买邻”、“邻里好，赛金宝”、“孟母三迁，择邻而居”……这些在我国

脍炙人口的俗语、故事都在描绘着和谐的邻居关系的重要。

和睦相处的邻里关系，是现代社会文明的一种表现，是每个市民的基本素质要求，也是我们在家庭生活中最重要也最基本的美德之一。所以，一定要注意处理好邻里之间的关系。

家庭道德问题，涉及千家万户，牵动着亿万男女老少的心弦，它不仅关系到和谐美满幸福家庭的建立，而且关系到社会安宁。如果每个家庭都具有良好的家庭美德，对整个社会风气的好转无疑有很大的推动作用。所以，提升家庭美德，是现代职工重要的道德素质之一，一定要时时注意提升。要提升家庭美德要做到“十要”，即夫妻平等要恩爱，孝敬父母要贴心，婆媳相处要宽容，教育子女要重德，兄弟姊妹要谦让，亲友邻里要互帮，持家立业要勤俭，有事共商要民主，生活文明要守法，社会建设要尽责。

## 9 提升职业道德，做一个爱岗敬业诚信尽责的优秀职工

所谓职业道德，就是同人们的职业活动紧密联系的符合职业特点所要求的道德准则、道德情操与道德品质的总和，它既是对本职人员在职业活动中行为的要求，同时又是职业对社会所负的道德责任与义务。简单地说，就是在所从事的职业范围内必须遵守的规范。就老师来说就是“为人师表”，对法官来说就是“惩恶扬善”，对医生来说就是“救死扶伤”，对记者来说就是“客观公正”。

职业道德是每一个职业人最基本最起码的道德和素质。不管从事什么职业，也不管能力、职位及成就的高下，都需要有良好的职业道德作为基础,才能在这个行业内立下足来,也才能得以更大的发展。

有一个IT企业招聘新员工,一名条件挺不错的研究生来应聘。本来老总已经选定他了,觉得他人不错,技术也很过硬。但是在最后时,他不知是为了增加胜算还是出于什么考虑,他说:“如果公司聘用我的话,我可以把一个成果带来。”他可能意识到有点不妥,马上又说:“那是我在业余时间自己做的。”公司最终没有选择他。老总最后说了一句很深刻的话:“他能把别人的东西给我带来,那他就可以把我的东西带走。”

一个人如果连最起码最基本的职业道德也没有,那他就会连进入岗位的基本资格也不具备,他就不配进入这个行业,更不配在这个行业内立足。

我国《公民道德建设实施纲要》提出了职业道德的基本内容,即“爱岗敬业、诚实守信、办事公道、服务群众、奉献社会”。

爱岗敬业是为人民服务和集体主义精神的具体体现,是社会主义职业道德一切基本规范的基础。爱岗就是热爱自己的工作岗位,热爱本职工作。爱岗是对人们工作态度的一种普遍要求,就是热爱本职工作。敬业就是用一种严肃的态度对待自己的工作,勤勤恳恳,兢兢业业,忠于职守,尽职尽责。中国古代思想就提倡敬业精神,孔子称之为“执事敬”,朱熹解释敬业“专心致志,以事其业”。

爱岗与敬业总的精神是相通的,是相互联系在一起的。爱岗是敬业的基础,敬业是爱岗的具体表现,不爱岗就很难做到敬业,不敬业也很难说是真正的爱岗。所以,对工作的热爱是爱岗敬业的基本前提和基础。一个人,一旦爱上了自己的职业,他的身心就会融合在职业工作中。就能在平凡的岗位上,做出不平凡的事业。如劳动模范时传祥、李素丽、新时代的工人楷模许振超、教玉章以及许多普普通通的职业人。

老潘,一个普普通通的修脚师傅。但他一干就是半辈子,并且在当地还非常有名气,成为这家足疗店里的金字招牌。

大专毕业后,像所有刚毕业的年轻人一样,想到外面闯出自己的一番事业,当时,他去了被人称为遍地黄金的深圳,但残酷的现实并没能让他如愿以偿,他没有找到适合自己的工作。为了解决生计问题,他看见路边一修脚店里招小工,于是他便去做

修脚小工了。后来，熟悉他的同学听说他在做修脚工，纷纷投来鄙视的目光，最让他伤心的是他的家人也不理解他，但他自己并没有瞧不起自己。他觉得这行业是新行业，将来肯定有市场。于是，他在人们的歧视和不理解中，努力学习修脚技术。并终于成为一名远近闻名的修脚专家，成为这家店里的金字招牌。

岗位没有高低，工作没有好坏，从一个城市来说，没有人当市长是不行的；同样，如果没有人去扫地、清除垃圾也是不行的。想当市长的人多的是，想扫地的人肯定不多。但在一个城市里，市长只需要一人，清洁工人却需要几百人、几千人，甚至几万人。无论是心甘情愿的，还是不得已而为之的，只要是在自己现有的工作岗位上认真负责，尽心尽力，遵守职业道德，这就是敬业精神。在我们国家，如果大大小小的公务员、企事业单位职工、私营企业主、个体户都能够表现出这种敬业精神，人民就会更加富裕，国家就会更加强盛。

诚实守信也是职业道德的重要内容，特别是在当前诚信缺失、信义不存社会现实前，坚守这种职业道德更为重要。

诚实守信包括"诚实"和"信用"两方面意思。所谓"诚实"，就是说老实话、办老实事，不弄虚作假、不隐瞒欺骗、不自欺欺人，表里如一。诚实的人能忠实于事物的本来面目，不歪曲，不篡改事实，同时也不隐瞒自己的真实思想，光明磊落，言语真切，处事实在。诚实的人反对投机取巧，趋炎附势，吹拍奉迎，见风使舵，争功诿过，弄虚作假，口是心非。所谓"守信"，就是要"讲信用"、"守诺言"，也就是要"言而有信"、"诚实不欺"，信守诺言，说话算数，讲信誉，重信用，履行自己应承担的义务。

不论做事还是做人，不论是个人还是企业，都要讲信用，"坑蒙拐骗"只能欺骗一时，终归被人唾弃。朋友交往要讲诚信，生意往来更要讲诚信，谎话、瞎话只会让你失去朋友和工作。诚信是做人之本，更是立业之本，一个人要想在社会立足，干出一番事业，就必须具有诚实守信的品德，一个弄虚作假，欺上瞒下，糊弄国家与社会，骗取荣誉与报酬的人，是不可能做出什么伟业来的。只有那些守信践诺言、诚实无欺的人，才能真正得到信任，并得到社会的承认。

1996年5月的一天，济南工商银行大观园储蓄所赵安同志接待了一对前来存款的夫妻，钱装在一只编织袋中，他们是做水果生意的，钱又散、又乱、又破旧。存款凭条上填写的数目是7.4万。赵安同志细心地数了2遍，都是8.4万元。赵安对这对夫妻说，他们数错了，他们不信，他们又数了一遍，果真是8.4万，这对夫妻对赵安同志诚实不欺的高尚品德十分感激。事情传出去以后，引来许多前来存款的生意人。

诚实守信作为职业道德，对于企事业单位来说，其基本作用是树立良好的信誉，树立起值得他人信赖的企业形象。所谓信誉，是由信用和名誉合成的。信用是指在职业活动中诚实可信，名誉是指在职业活动中重视名声和荣誉。职业信誉是职业信用和名誉的有机统一。它体现了社会承认一个行业在以往职业活动中的价值，从而影响到该行业在未来活动中的地位和作用。

北京的同仁堂药店，建店300多年，始终坚持重质量，重服务，重信誉。其店规是"炮制虽繁必不敢省人工，品味虽贵必不敢减物力"，药料选用十分讲究。"产非其地，采非其时"的药材，坚决不用。同仁堂的人说，我们药方虽然可被盗去，但是没有我们精湛的炮制工艺和高度的责任心，还是制不出好的丸、散、膏、丹。同仁堂美名传遍全世界，顾客遍及五大洲，因此使得它的效益也长久不衰。

一个企业，如果不履行合同，不重视产品质量，不注重为社会服务，只是一味地打经济算盘，为自己捞利润，那么用不了多久，信誉就会扫地，企业的经营就会萎缩，甚至破产。

所以，不论是企业还是个人，不论是做事还是做人，诚实守信都是立身之本，立业之基。不论从事任何职业，我们都要把"诚实守信"融入到职业生涯的具体要求之中，使其成为一切职业生涯的"立足点"，提高自己的思想素质和道德素质。

对于普通职工而言，诚实劳动、合法经营就是诚信的体现。每道工序都按规定操作，每件产品都绝不投机取巧。经济利益会使意志薄弱者忘记自己应遵守的职业道德，投机取巧、偷工减料、制假售假、缺斤少两、坑害消费者；为暂时的效益，使用一切非法手段，买空卖空，倒买倒卖，牟取暴利。只有诚实劳动、合法经营，才能维护消费者利益，才能做到诚实守信；要重质量、重服务、重信誉；要实事求是，不讲假话。对工作中的成绩

不多讲一分，对工作中的失误也不少讲一分，对产品的质量宣传要合乎实际，产品广告不能随意吹嘘，广告力求做到诚、真、实。只有实事求是，不讲假话，才能做到诚实守信。

办事公道是指从业人员在办事情处理问题时，要站在公正的立场上，按照同一标准和同一原则办事的职业道德规范。

要做到办事公道，最重要的就是要"一碗水端平"，要公平对待，一视同仁，不论职位高低，关系亲疏，一律以同样态度热情服务，一律按照规章、制度、法律办事，该解决的就解决，该怎么办的就怎么办，绝不搞拉关系、走后门那一套，绝不以关系远近来做事情。办事公道也不是在当事人中间搞折中，不是各打五十大板，而是不论对什么人，都要坚持正确的原则。要过得了亲情关、友情关，对待上级、下级、朋友、战友、同学、同乡、丈夫、妻子、亲戚等，在处理公务时角色定位一定要准，绝不能不把水端平。我们如果把握不好，就会迷失方向、丧失原则，就会偏离我们的职业道德，就不能正确行使手中的权力。当然办事公道并不仅是对手中掌握一定权力的人才有要求，对于每一个从业者，都需要心存公正，办事公道。哪怕是个清洁工，也不能凭自己的偏好而区别对待不同的清洁区域。

服务群众就是为人民群众服务，是社会全体从业者通过互相服务，促进社会发展、实现共同幸福。服务群众是一种现实的生活方式，也是职业道德要求的一个基本内容。

为所有的人服务就是"服务群众"的本质，也就是全心全意地为人民服务，一切以人民的利益为出发点和归宿。它是为人民服务思想在职业活动中的具体表现。在社会主义社会，人人都是服务员，人人都是服务对象，我们在为他人工作服务的同时也无时无刻不享受着他人"衣、食、住、行"等各方面的服务。而在职业实践中，要做到服务群众就必须做到：服务热情周到，服务要满足群众需要，而且有高超的服务技能。李素丽就是"服务群众"的最佳注解。

李素丽售票台旁的车窗玻璃，一年四季进出站时总是敞开的，她说："这样我可以更好地照顾乘客。"即使下大雨，车一进站，她也要把车窗打开，伸出伞为上车前脱雨衣、收拢雨伞的乘客挡雨。

她的车上设有方便袋，遇到堵车，就拿出报纸、杂志，让乘客看一会儿,缓解焦急;看到有人晕车或不舒服想吐,她会赶紧送上一个塑料袋;遇有不小心碰伤的乘客,她的小药箱里有“创可贴”;姑娘们夏天穿着长裙上下车,她忘不了提醒往上拎一拎,以免让人踩上摔跟头。

李素丽售票台的抽屉里,放着一个小棉垫。这是特意为抱孩子的乘客准备的。小棉垫垫在售票台上,让孩子坐在上面。

李素丽始终如一地模范遵守着“服务群众”的职业道德,发扬“一心为乘客,服务最光荣”的行业精神,钻研业务,爱岗敬业,全心全意,真诚热情地为乘客服务,被誉为“老人的拐杖,盲人的眼睛,外地人的向导,病人的护士,老百姓的亲闺女”。

为人民服务是每个行业职业道德的基本要求。它要求我们心中有群众,处处方便群众,自觉接受群众的监督。我们无论从事哪一种职业,无论是在国有企业、集体企业还是个人企业,我们都应该把我们的职业活动同群众的需要联系起来,通过我们的服务来满足社会各个行业及其成员的需要,同时也从各行各业的服务中得到自己所需要的东西。各行各业都是“互相服务”的关系,只有我们尽心尽力地为别人服务,才能得到他人真诚的回报,享受到别人尽心尽力的服务。正所谓“我为人人,人人为我”。而如果我们的产品粗制滥造,我们的服务冷若冰霜,不仅毁坏了我们的职业声誉,而且破坏了我们和服务对象的人际关系,最终也会给我们自己带来损失。因此,时刻为群众着想,真诚为群众服务,我们才能享受到崇高的职业荣誉感和幸福感。

奉献社会是一种无私忘我的精神,是职业道德的最高境界,是每个从业者职业道德修养的最终目标。

奉献社会表现在职业中,需要的是对事业的“奉献精神”,奉献精神是一种大爱,是对自己事业的不求回报的爱和全身心的付出。对个人而言,就是要在这份爱的召唤之下,把本职工作当成一项事业来热爱和完成,从点点滴滴中寻找乐趣;努力做好每一件事、认真善待每一个人,全心全意为人民服务。

全国劳动模范徐虎曾说过:“你不奉献,我不奉献,谁来奉献?你也索取,我也索取,向谁索取?”奉献社会不是一句简单的口号,它是每一个人履行职责的写照,是每一个人具体行动的表现,它需要耐心、信心、恒心、

决心，它体现了公而忘私、先人后己的集体主义精神，是一种高尚人格和美好情操。徐虎就是我们的榜样。

1975 年，徐虎从郊区农村来到上海城里，当上了房修水电工，担负起管区内 6000 多户居民的水电维修、房屋养护工作。当徐虎第一次去居民家修阻塞的抽水马桶时，还是傻了眼：粪便、草纸、污水淌了一地。别说干活，连立脚的地方都没有。但是，看看居民焦急的样子，想想自己干的就是这一行，也只好硬着头皮上。徐虎忙着干活，居民在边上忙着端茶、敬烟。马桶修好了，居民连声道谢。事后，还特地给房管所写了感谢信。这件事，给徐虎留下了深刻的印象。他想，自己干这一行，只要一有空，徐虎总是认真学习房修水电技术。碰到居民报修，徐虎一喊就到，及时解决。碰到难做的活儿，徐虎千方百计做到居民满意。每次修理完毕，徐虎都主动做好清洁工作；对居民的酬谢，他笑着谢绝；碰上挑剔的居民，还要耐心说服。一来二去，徐虎和居民们的关系从生疏变得熟悉、融洽了。从居民的欢笑声、赞扬声中，徐虎体验到了付出的快乐、工作的价值。再脏、再累，心里也是高兴的。

1985 年 6 月 23 日是个星期天，徐虎在房管所以及区精神文明建设办公室领导的陪同下，来到光新二村、石泉路 75 弄和石泉六村，挂上了 3 只"夜间水电急修特约服务箱"，上面写着"凡属本地段的公房住户如有夜间水电急修，请写纸条投入箱内。本人热忱为您服务，每天开箱时间晚上 7 点。中山房管所徐虎"。打那以后，每天晚上 7 时，徐虎总是骑着"老坦克"，带着工具包，走向 3 个报修点。然后按照报修的纸条，挨家挨户上门修理。

打从挂箱服务的那天起，在徐虎的心里就没有了"星期日"和"节假日"，只留下"奉献"两个字。

奉献社会体现于身边的小事，却是一种每个人都可以拥有的伟大的精神。奉献社会，要求我们全心全意为人民服务、为社会服务、为他人服务，把我们的知识、才能、智慧、力量倾注于我们的工作之中，不计回报、不计得失；更要求我们为祖国与人民勇于牺牲个人利益，默默付出、无怨无悔。这种奉献的价值，其实不在于我们付出了多少或是得到了多少回报，而在于这种付出中的快乐和收获。

职业道德不限行业、不限岗位，每一个职工都必须遵守，因而提升我们的职业道德素质尤为重要。我们要将职业道德建设、共同理想同各行各业、各个单位的发展目标结合起来，同个人的职业理想和岗位职责结合起来，这样才能增强职业观念、职业事业心和职业责任感，干一行，爱一行，脚踏实地干事业。

一个具有良好职业道德的职工会自觉地调整人与人之间的关系，人和岗位的关系，岗位和团体、团体和受众的关系，时刻加强自己的职业道德修养，把自己塑造成为一个爱岗敬业、诚实守信、办事公道、忠于职守、认真负责、甘心奉献的优秀职工。这不仅能让你在工作中如鱼得水，游刃有余，使自己获得职业生涯中辉煌的成功，还会因为每一个职工都焕发出来的这种精神力量，使企业的发展也更加顺当，更加迅猛。

# 第三章

# 全面提高科学文化素质，锻造高素质的知识型职工

“知识改变世界”，“知识就是力量”，“科学技术就是生产力”，科学文化素质是广大职工实现技术创新，推动科技进步和产业升级的源泉和不竭动力。科学文化素质欠缺，就会无法适应科技含量不断增加的现代化工作。因而提高职工的科学文化素质，树立科学思想，培养科学精神，多读书读好书，多从书本以及各种文化活动中汲取科技文化知识，才能锻造出新一代的知识型员工，适应科技的发展，促进企业的发展。

1

# 努力学习科学知识,知识就是力量

科学文化作为一种文化力量,推动着社会物质文明的发展和社会精神文明的进步。提高职工的科学文化素质,既是中国未来的发展大计,同时也是迅速适应国际竞争环境的当务之急。

科学文化素质,是人在处理与自然和社会的关系中应该具备的知识、精神要素(价值观念)和实践能力,它与思想道德素质和健康素质一起,构成民族的整体素质,它应当包括受教育程度、科学精神、科学水平、精神状态、文化修养、创新意识和创新能力等多方面的因素。

科学是反映自然、社会、思维等的客观规律的分科的知识体系。包括:科学知识、科学思想、科学方法和科学精神等。文化是指人类在自身发展过程中从事实践活动和精神活动的方式,以及由这些活动创造出来的物质和精神成果,如历史、地理、风土人情、传统习俗、生活方式等。

科学文化的发展与进步,是改造世界和推动历史前进的重要力量。掌握并运用最新科学文化成果,并不断更新科学文化知识结构,在本职岗位上实现技术创新,推动科技进步和产业升级,是职工科学文化素质建设的关键。因而努力学习科学文化知识,是提升科学文化素质的有效途径。

我们都知道一句名言——"知识就是力量",这句话出自16世纪英国哲学家、科学家、散文家弗兰西斯·培根之口。四百余年来,这句名言广泛流传,对社会进步和科学发展起了重要作用。不论是在过去、现在还是将来,知识就是力量也永不过时,永远在理。

一个人的知识储备越多,才能使经验越丰富,才能使工作更得心应手,也才能使自己更有力量,更具创新力和竞争力。

四川农学院博士李华在法国留学期间,看到法国人对葡萄酒情有独钟。上至政府官员,下至平民百姓,无论是大宾馆还是小卖部,到处都有葡萄酒销售。

李华心想:“为什么不想法把中国的葡萄酒推向国际市场呢?中国葡萄酒的质量也是相当不错的。”中国的葡萄酒要想打入法国市场,必须经过香港口岸。但是当时的港方却将中国的葡萄酒按洋酒征税,洋酒的征税额度要比葡萄酒本身的价格高四五倍。

李华与港方税务局官员谈判,经过几番唇枪舌剑后仍没达到预期的目的。这时李华不谈了,而是吟出李白的诗句“葡萄美酒夜光杯,欲饮琵琶马上催。”在场的港方官员都有些发愣,因为他们根本不知道这两句诗的意思。其中一位官员很礼貌地说道:“请问李先生,你能不能给我们解释一下刚才你说的那句话的含义呢?”

这正中李华下怀,他解释道:“这是我国唐朝著名诗人李白的诗句,从这两句诗中就可以看出,中国早在唐朝以前就开始生产葡萄酒了,这比英国和法国生产葡萄酒的历史要早得多。所以,无论从生产工艺上还是从生产技术以及质量上,中国葡萄酒都应属本土酒范畴,而不应按洋酒征税。”

李华的这番话说得港方心服口服,痛痛快快地承认了中国葡萄酒属本土酒范畴。中国的葡萄酒在李华的努力下以低廉的价格、优良的品质进入了法国市场。

李华的两句唐诗就能博得港方官员的认可,这就是知识的力量。知识就是力量,知识改变一切。当你具有丰富的知识时,不管你走到哪里,不管你做什么工作,不管在任何时候,你都会成为最大的赢家。

2004年12月26日海啸袭击泰国普吉岛海岸当天,来自英国萨里郡奥克斯肖特市的10岁小女孩蒂莉·史密斯也正和自己的母亲潘妮在泰国海滩上游玩。圣诞节前两周,蒂莉正好在学校中上过一堂地理课,课上老师讲的也正好是有关海啸的知识,因此当第一波很小的海啸波浪抵达泰国海岸的时候,蒂莉立即意识到更大的海啸波浪将在后面,会将海滩和低地上的建筑彻底淹没。于是她立即跑到母亲潘妮跟前,告诉母亲她们即将面临的危险。母亲潘妮听了后,立即向海滩上的100多名游客发出了警告,那些游客听了蒂莉母女的警告后,都纷纷离开海滩,撤退到了高地上。当他们刚刚抵达高地时,只见惊天海啸奔涌而来,一瞬间就淹没了他们刚才待过的地方,将那些逃生的游客惊得目瞪口呆。

他们纷纷向蒂莉表示了自己的感谢,认为是她救了他们所有人的性命。面对别人的感谢,小蒂莉谦虚地说道:“我并不是英雄,我只是正好活用了地理课上学到的知识,救了自己和大家而已。”

知识就是力量,知识不仅可以建起高楼大厦,可以制造神七飞天,可以种出杂交水稻,还可以救人性命,有时哪怕就是比别人多学了一点点的知识,就会比别人多出很多活命的机会。无知是可悲的,特别是对于很多危险行业的职工而言,无知就不仅仅是不能晋升、不能加薪这样的事情了,有时甚至会付出生命的代价。比如一个电工没有丰富的电工知识,一个消防员不知道有些危险化学品不能用水扑救,维修工人不明白哪些时候不能动火,那无疑就是在拿生命开玩笑,就会沦为无知的牺牲品。

知识就是力量。在今天,在这样一个科技高度发达、知识日新月异的时代,这句话更能激起我们的同感,激发我们的认同。如果你只对呼啸而至的科技大潮惊叹不已,只会对身边日新月异的变化目瞪口呆,对一些新知识却茫然无措,那么,你必然会被滚滚的时代列车遗忘在那些无名小站。知识就是力量,有知识才有力量,无知识,不管面对什么,你都只会感到无能为力。职场更是这样,有知识,就能如鱼得水,一跃能入龙门;无知识,就会寸步难行,十年还在底层。知识就是我们大步向前的资本,知识就是打开成功之门的钥匙,知识就是我们获得一切的力量之源。所以,努力学习科学知识,不仅是提升我们素质的需要,更是我们在职场上永立不败、笑到最后的最大资本。

2

# 熟练掌握先进技术，科学技术就是生产力

科学技术，包含着科学和技术两个概念，科学是人类在长期认识和改造世界的历史过程中所积累起来的认识世界事物的知识体系。技术是指人类根据生产实践经验和应用科学原理而发展成的各种工艺操作方法和技能以及物化的各种生产手段和物质装备。

科学和技术，是相辅相成、密不可分的两个概念。科学是技术的理论指导，是各种技术发明和革新的前提；技术是科学的理论发展，结合生产实际进行开发研究，得出的新的方法、新材料、新工艺、新品种、新产品等。技术是科学的实际运用，是科学和生产的中介，没有技术，科学对生产就没有实际意义，科学也就不可能推动社会的发展，正是在科学发展的基础上逐渐成熟起来的高新技术，才成为推动和促进各项生产突飞猛进的巨大推力，促进了社会经济的飞速发展。因此，马克思明确提出了“科学技术是生产力”的观点，并得到广泛认同。而伟大的改革家邓小平则进一步提出“科学技术不仅是生产力，而且是第一生产力”的论断。

1977 年 5 月，尚未复职的邓小平在一次谈话中指出：我们要实现现代化，关键是科学技术要能上去，发展科学技术，不抓教育不行。

1978 年 3 月，全国科学大会在北京人民大会堂隆重召开。邓小平在开幕式上致辞。他指出，科学技术是生产力，这是马克思主义历来的观点。现代科学为生产技术的进步开辟道路，决定它的发展方向。

1988 年 9 月 5 日，邓小平在会见捷克斯洛伐克总统胡萨克时说：“马克思说过，科学技术是生产力，事实证明这话讲得很对。依我看，科学技术是第一生产力。”

1992年初，邓小平在视察南方时，再次指出“科学技术是第一生产力”。他语重心长地说：“要提倡科学，靠科学才有希望。”

作为改革开放的总设计师，一代伟人邓小平把科学技术放到如此重要的位置，正是因为科学技术在改革开放和经济建设中发挥出了前所未有的巨大作用。农业、工业、商贸业、矿业、制造业、文化、教育、信息……各行各业无一不打下了科技深刻的烙印，刻下了科技不朽的功勋。在改革开放的30多年中，中国经济和社会都取得了举世瞩目的巨大成就，人民的生产生活都发生了翻天覆地的变化，载人航天、三峡工程、青藏铁路、超级杂交稻、转基因抗虫棉、水立方、鸟巢、新能源汽车、高速度铁路、信息技术等各种各样的新技术新产品，层出不穷的新创意新方法……科技进步对经济社会发展的影响，从来没有像今天这样广泛而深刻。回顾改革开放30多年来我国蓬勃发展的科学技术对经济社会的巨大支撑和引领作用，人们不难得出这样的结论：科学技术就是第一生产力，科学技术就是推动社会进步、经济发展的最伟大的力量！

科学技术就是第一生产力。每一次世界的变革、每一次生产的革命，都是因为科学技术的强力推进。18世纪中叶的技术革命，使人类进入了蒸汽时代，实现了从手工工业到机器工业的转变；19世纪70年代的技术革命，使人类进入了电气时代，生产效益突飞猛进；20世纪40年代特别是七八十年代以来，各种高新技术的突飞猛进，使人类进入了电子和信息时代，经济和社会的发展、生活和工作的变化在几十年内几乎以往几百年甚至上千年的变化和发展。

生产技术就是生产力，而先进的生产技术无疑是最大的生产力，也是企业不断成长壮大的有力支撑。每一项新技术的应用和推广，都会给企业带来一次效益的飞跃，一次腾飞的机会；哪怕一次小小的技术革新，也能为企业带来可观的效益。

抚顺铝业有限公司氧化铝储仓物料一直采用的是稀相输送技术。由于造成料仓内部压力较大，常发生物料飞扬现象。问题虽几经改进，并在料仓顶部加装了收料装置，但仍收效不大，氧化铝浪费现象严重。

为此，公司专门组织相关技术人员积极进行技术攻关，经过反复研究论证及现场考察，最终通过旁通系统卸压方式降低收

尘装置内部压力的方法，彻底解决了因收尘装置过滤面积不够而造成的物料飞扬问题。同时也解决了制约铝电解生产的打料问题，不仅减少了物料飞扬造成的原料损失，也消减了因物料飞扬对环境造成的影响。经过这一改进，公司每年可减少原料损失 300 多吨，节约费用 150 余万元。

南钢中厚板卷厂在全厂范围内推广“提高侧导板标定精度操作法”，每周一和周三利用换辊时间将标定吊上辊道对侧导进行标定，每个标定时间只需要 15 分钟。自实施“提高侧导板标定精度操作法”后钢板重皮改判率由 0.45%下降到 0.08%，计划外毛边镰刀弯由 8%下降到 4.6%。就这一点革新，按每个月 13.8 万吨的材产量，每减少 1 吨非计划可降低生产成本 200 元，每减少 1 吨毛边镰刀弯可降低生产成本 50 元计算，每月可以创造效益 23.56 万元，全年就可多增效益 280 多万元。

小小的技术革新，就有可观的经济效益，可见科学技术的巨大作用。因而，掌握和应用先进的生产技术，无疑是增强竞争能力、抢得成功先机的最大资本。

科学技术就是第一生产力，对于个人而言，先进的科学技术是我们取得成功的重要资本，也是我们实现梦想、获得发展的坚实基石。比尔·盖茨、乔布斯、杨致远、张朝阳、马化腾、李彦宏以及刚刚晋升千亿富豪的“脸谱”创始人扎克伯格，哪一个不是科技造就的时代英雄？

科学技术就是第一生产力，要发展企业生产，要壮大企业规模，职工要实现自我价值，熟练掌握先进的科学技术都是必要的前提。因而提升职工的技术素质，促进职工掌握更多先进技术，更加熟练地应用先进技术，对于企业发展和职工的发展，都相当重要。所以，每一个职工都应当立足自己的岗位，努力学习和掌握先进的科学技术，提高自己的科学技术技能素质，成为一个具有现代高科技和高技术水平的新型职工。

3

## 树立科学思想，实事求是遵循客观规律

科学思想是科学活动的结晶。科学思想一般可分为两个层次：一是信奉科学、讲求科学的科学观念和科学意识；二是更高层次的科学思想体系。

科学思想来自科学实践，又指导科学实践。没有科学思想，科学事实本身不会凸显出具有规律性的意义，再多的科学知识也不过是一些文档材料，一些缺少灵魂的东西。科学思想是科学探索、科学创新的理论基石，决定了科学发展的方向和进程，自然界和人类社会都有各自发展、变化的客观规律。人们只能认识它、利用它，遵循规律去办事才能取得成功，而不能违背它、改变它。违反规律，凭借自己的主观意愿去办事情，尽管用心是好的，但结果必然碰壁，把事情办坏。所以，对于职工而言，树立科学思想，最重要的就是要实事求是地对待工作，遵循客观规律，按照客观规律办事。而不是“拔苗助长”、“削足适履”，更不是“牛不喝水强按头”，要尊重客观规律，依照客观规律来对待我们的工作和发展，才能得到最好的发展。

有一次，一群科学家在海边考察，发现一只小海龟从沙堆上的一个洞穴里探出头来四处张望，在确认没有危险之后，慢慢地、警惕地朝海里爬。这时，一只在空中盘旋的海鸟发现了它，便冲了下来，小海龟急忙掉头往回爬。这群科学家见状，恻隐之心顿生，决定帮小海龟一把。他们跑过去抱起小海龟，把它放到海里去。正当他们为自己的“义举”而沾沾自喜时，始料不及的事发生了。洞穴里别的小海龟见爬出去的那只小海龟没有回来，以为外面安全了，使纷纷往外爬。这立即引来了一大群海鸟，它们不断地冲下来，享用着丰盛的美餐。实际上，第一只爬

出来的小海龟是出来探路的哨兵，一旦有危险就回去报信。人们出于好心帮了这只小海龟，却害惨了整窝海龟。

规律是客观的，是不以人们的意志为转移的。它既不能被创造，也不能被消灭。所谓"天行有常，不为尧存，不为桀亡"。我们要尊重规律，按客观规律办事。大自然有自己的法则，并且许多法则是我们还没有掌握的，人为干涉，往往是好心办坏事，帮倒忙。

现在，人们的环境意识提高了，很多人知道要爱护动物，但似乎又矫枉过正，走向了另一个极端。很多人把动物当做宠物养起来，精心呵护。实际上，这些做法违背了自然法则，有悖于保护动物。动物是自然之物，只有在自然中磨炼，才能健康成长。人类不去干预它们的生活，就是对它们最好的保护。

有一个人得到了一个蝴蝶的茧。据说那只茧会变成一只紫色的美丽蝴蝶。一天，茧里的虫把茧咬破了一个小口。这人坐在桌子前，仔细地看着蝴蝶宝宝费力地挣扎着，想要破茧而出，好像母亲分娩一样。那个看不清形状的小生命折腾了好几个小时，还是没有什么进展。又过了一会儿，它好像筋疲力尽，停了下来。这人决定帮它一把，于是把茧的口子剪大了一些。小蝴蝶终于完全出来了。然而，它没有像人们预料的那样展翅飞翔。它战战兢兢地抖动着一对皱巴巴的翅膀，身体还像一个肿肿的小虫。它始终没有飞起来。它一直在桌子上，带着那对紫色的萎缩的翅膀和一个肿胀的身体哆嗦地蠕动着，直到死亡的来临。其实，正是那人的好心和性急断送了蝴蝶美丽的生命。因为，大自然设计的每一步都有其存在的意义。在蝴蝶破茧而出的挣扎中，它会把身体里多余的水分挤到翅膀里，这样，当它终于自由的那一刻，它才能拥有轻盈的身体和丰盈的双翅。

自然的规律是客观的、不可更改的，也不会以人的意志为转移的。无数事实雄辩地说明，客观规律是无情的，是不能违背的。不管人们是否认识到、承认不承认，它都客观地存在着，并以一定的方式起作用。人们不能任意地创造或消灭规律，也不能任意地改变规律，人们只能去认识规律，利用规律。不然就会好心办坏事，得不偿失。就像这位好心人，一心想帮蝴蝶健康成长，反而促其早亡。因此，我们要发挥人的主观能动性，认识世界,改造世界,就必须严格地尊重客观规律,按客观规律办事,而决不能违背客观规律。这才是树立科学思想的精髓。

作为普通职工,在平常的工作中,也要坚守这种思想,遵循规律,尊重规律,利用规律,才能更好地促进我们的工作。如果不能遵循规律,则会事与愿违,事倍功半,甚至适得其反,后果严重。按规律办事,则顺风顺水;逆规律办事,则头破血流。普天之下,没有谁可以逆规律行事。所以,我们要树立科学思想,尊重事实,尊重规律,正确地思考问题,从繁杂的事物中理出头绪,认识事物的本质,遵循科学规律办事,而不是逆规律行事。这样才能帮助我们少走弯路,事半功倍地完成工作,把事情办得圆满,办得顺利,办出成绩,从而实现自己的价值,展示自己的风采。

4

## 培养科学精神,开拓进取大胆创新

科学精神是人们在长期的科学实践活动中形成的共同信念、价值标准和行为规范的总称。科学精神是求真务实的精神、改革创新的精神、文明进步的精神,也是科学发展观的灵魂。科学精神包括执著的探索精神、创新改革精神、理性精神、求真务实精神、实证精神、严格精确的分析精神、协作精神、民主精神、开放精神、功利精神,可重复、可检验和实践精神等等。

创新精神是科学精神的重要内容。对于当代职工而言,科学精神最重要的内涵就是创新精神,创新精神就是科学精神的核心。创新精神表现为永远不满足于现状,不断进取,不唯书、不唯上、不唯古,独立思考、敢于怀疑,敢于向传统和权威挑战,敢于突破旧条条,打破旧框框。

创新精神提倡独立思考、不人云亦云,并不是不倾听别人的意见、孤

芳自赏、固执己见、狂妄自大，而是要团结合作、相互交流；创新精神提倡胆大、不怕犯错误，并不是鼓励犯错误，只是强调错误认识是科学探究过程中不可避免的；创新精神提倡不迷信书本、权威，并不反对学习前人经验，任何创新都是在前人成就的基础上进行的；创新精神提倡大胆质疑，而质疑要有事实和思考的根据，并不是虚无主义地怀疑一切……总之，创新精神就是科学、全面、辩证地进行开拓和创意的精神。

作为现代企业的新型职工，创新精神是必备的素质之一。只有具有创新精神，我们才能在未来的发展中不断开辟新的天地，才能与时俱进、敢为人先，为企业、为岗位创造新的奇迹，成为企业发展的推进器。

首届中国青年学习成才奖得主李少杰就是海尔的一个推进器。他勤学好问，从一名普通的操作工成长为海尔冰箱事业部钣金公司的订单经理。而这一路的快速成长，正是由于他重视创新，勇于创新。

作为生产冰箱的第一道工序，钣金生产线是影响生产时效的首道“门槛”。要提高钣金生产线的生产时效，出路只有两条：一是增加设备，二是挖潜增效。

钣金公司拥有当时世界上最先进的日本生产线，设计节拍为 25 秒/台，所以挖潜增效从没人想过。而李少杰却偏偏要为世界上最先进的生产线“动手术”。

李少杰与日本生产厂家积极沟通，召集公司工艺、设备、模具、检验、操作人员，集思广益，仔细推敲生产线的每一道工序。他一次次手持秒表，计算现场每个操作细节所花费的时间，甚至包括操作工转身动作的耗时。

一个细致可行的提效方案诞生了：生产线频率由原先的 50 赫兹提高至 60 赫兹，这样可节省一秒钟；翻板工步中取消侧推动作，实施“一次就做对”工作法，又节省一秒钟；为贴覆位操作员设计一个脚踏式开关，这样不必转身就可以启动开关，又节省一秒钟；对冷凝器变形问题进行整改，操作员减少现场整理时间，又节省了一秒钟……

一秒，一秒，又一秒；提效，提效，再提效。凭着韧性，李少杰带领同事，硬是将冰箱钣金生产线的设计节拍降低为 7.5 秒！

这个数字创下了钣金线生产效率新的世界纪录。

李少杰的创新，为海尔带来了巨大的效益，也为海尔注入了强大的活力，就像推进器一样，推动着海尔突飞猛进地向前发展。

创新对于国家、对于企业、对于个人都有着非凡的意义。创新是企业进步的灵魂，创新是个人发展的助力器。在当今这样竞争激烈变化迅捷的时代，一个不懂得创新的企业就不会有明天和未来，它只会因循守旧、墨守成规、停步不前、死气沉沉，并最终消亡，不会留下丝毫痕迹。一个不懂得创新的员工也不可能有辉煌和成功，他只会循规蹈矩、死守岗位、故步自封、不思进取，最终还会被惨遭淘汰。

职员刘明是公认的好同事，年年工作量都名列前茅，可是两次晋升的机会都没有他的份儿。先后提升的两个同事资历没他深，工作量也比他少，不用说他心里当然不服，其他同事也为他愤愤不平。公司经理知道后和他们讨论自己的看法：他认为刘明虽然工作态度很好，踏实肯干，但是从无创意。在市场变化环境中，只有踏实肯干是不够的，思想古板只会使市场停滞不前，这样最终只会被淘汰出局。

创造力是上天赐予我们的最珍贵的礼物，它能给我们带来许多意想不到的惊喜和精彩。创新创造了许多神话和奇迹，并且还在创造、还将创造更多的神话和奇迹。

培养科学精神，就是要勇于开拓，大胆创新。创新并不神秘，顺势而为、反常而行可以创新；“倒行逆施”，打破常规，也可以创新；随手拈来、灵光一闪也可能创新，有道是“条条道路通罗马”，精明的企业和员工绝不会沿着一条道走到底。认准目标，旱路不通走水路，大路不通走小路，只要有全新的思路，往往就能产生全新的创意、全新的结果。

创新不是口号，不是标语，也不是空口臆想的一个名词，而是需要我们实实在在行动起来的新时代的要求。而且创新也并不仅仅属于国家战略，属于科研人员，创新无处不在，人人都可以创新，人人都可能获得创新的成果，每一份工作都可以成为我们创新的发力点，每一个平凡的岗位都是我们创新的舞台。任何一个敢于思考、勤于思考、善于思考的员工，都可以创新，并且这种创新都是最具有实用性的、最能解决问题的创新和发

明。上海宝钢一位普通的修理工人就是立足自己的岗位，着眼解决实际问题，大胆发明创新的典范。

孔利明，人称“孔发明”，1951年出生，17岁下乡，1984年回城到宝钢运输部当工人，现为宝钢运输部电气高级技师，是上海市拥有职务发明专利最多的人。一个只有初中文化水平的普通的汽车电气修理工，在宝钢这个现代化的钢铁企业里，却演绎了一个又一个令人惊叹的发明故事，成为成果赫赫、贡献卓著的“全国十大杰出职工”、劳动模范、发明大王。这就是立足岗位、勤于思考的结果。

1998年9月的一天，宝钢从美国引进的装载机启动电机的“头壳”突然断裂，随即掉进了发动机腔内。发动机上方只有一个手臂粗的洞口，有1米多深，“头壳”掉在什么地方既看不见，又摸不着，用磁铁也不行，因为发动机里面全是铁的。装载机马上熄火，“瘫痪”了。如果等美国专家来维修，每天停产损失就在30万元以上。就在大家束手无策之机，孔利明说了句“给我一晚上的时间”，揽下了拯救“洋机”的活儿。

回到家里，孔利明把自己关在“实验室”里苦思冥想，想不出一个有效的办法。迷迷糊糊天已发亮，由于劳累，他那胃溃疡老毛病又发作了，但是这胃痛的感觉却让他一下子计上心来：他想，寻找洞内异物得先探方位，犹如胃镜检查胃底的溃疡，那种不开刀的手术就是由内窥镜定位，再伸进手术刀进行操作，而现在机器的情形岂不雷同？他立即振作起来，打开“百宝箱”，找出平时悉心收集的电视摄像头、红外光源，利用胃窥镜原理，做了个简易的探视头。第二天，用孔利民的土办法，没拆一个螺丝钉，就顺利把断裂物从发动机中取出，卡特装载机顷刻之间恢复了工作。

据不完全统计，这些年来，孔利明累计为宝钢解决了各类设备的疑难杂症350余个，创造经济效益1500余万元；他发明的“废钢装卸防坠增效”和“启动点磁铁强最大值提示器”、“温控起重电磁铁”等多项技术，使宝钢港机作业安全率达到百分之百，效率提高了30%以上。孔利明研制的我国第一台“高温物性熔面自动定位仪”，实现了对高温熔面的自动定位，工作精度比原来提高了60倍。这项新颖的设计不但能应用于测试分析技术，还能广泛应用在化工、冶炼等高温熔面监测定位控制技术领域。另外，他还完成与日常生活有关的创新发明400多个。

创新并不是高不可攀的事，每个人都有某种创新的能力。而职场中的许多人都有一种惰性，没有创新精神，也就不可能有创新的行动。所以，着力培养职工的科学创新精神，对于促进企业和职工个人的发展，至关重要。那么作为职工，该如何培养自己的科学和创新精神，大胆开拓，勇于创新呢？

首先，保持好奇心。因为好奇心是创新的源头之一。谁要是体验不到好奇心，谁要是不再有好奇心，那么他创新的眼睛就是模糊不清的。

牛顿少年时期就有很强的好奇心，他常常在夜晚仰望天上的星星和月亮。星星和月亮为什么挂在天上？星星和月亮都在天空运转着，它们为什么不相撞呢？这些疑问激发着他的探索欲望。后来，经过专心研究，终于发现了万有引力定律。

正如西方谚语说的：“好奇是研究之父、成功之母。”好奇是求知的萌芽，是创造的起点。科学的发明和创造很大程度上起因于发明创造者好奇的个性。所谓好奇心，指的是人们对新异事物进行探究的一种心理倾向，也是人们对不了解的事物所产生的一种新奇的感受和兴趣。好奇心仿佛是探照灯的光柱，它永远把探索的光芒投向成功的目标。对渴望成功的人来说，永不满足的好奇心可以引导他们去不断追求新的成功目标。一个人如果失去好奇心，对什么事情都无动于衷、熟视无睹，便难以敏锐地捕捉创新的机遇。

其次，敢于怀疑，不惧权威。不要认为被人验证过的都是真理，更不要迷信权威。许多科学家对旧知识的扬弃，对谬误的否定，无不自怀疑开始。

比如伽利略对自由落体运动的研究始于对亚里士多德“物体依本身的轻重而下落有快有慢”的结论的怀疑，发现了自由落体规律。怀疑是发自内在的创造潜能，它激发人们去钻研、去探索。对课本我们不要总认为是专家教授们写的，不可能有误。专家教授们专业知识渊博精深，我们是应该认真地学习。但是，事物在不断地变化，有些知识现在适用，将来不

一定适用。再说，现在的知识不一定就没有缺陷和疏漏。对待我们所学习或研究的事物我们应做到：不要迷信任何权威，应大胆地怀疑，这是培养创新精神的重要途径。

第三，对所学习或研究的事物要有追求创新的欲望。如果没有强烈的追求创新欲望，那么无论怎样谦虚和好学，最终都是模仿或抄袭，只能在前人划定的圈子里周旋。要创新，就要敢于打破条条框框，就要勇于突破，就要开动脑筋，就要不怕失败。

第四，对所学习或研究的事物要有求异的观念，不要“人云亦云”。创新不是简单的模仿。要有创新精神和创新成果，必须要有求异的观念。求异实质上就是换个角度思考、从多个角度思考，并把结果进行比较。求异者往往要比常人看问题更深刻、更全面。

第五，对所学习或研究的事物要有冒险精神。要不怕失败不怕别人的反对和责难，不怕承担后果。

第六，对所学习或研究的事物要做到永不自满。一个有很多创造性思想的人如果就此停止，害怕去想另一种可能比这种思想更好的思想，或者觉得自己已经取得了这样的成就，就觉得自己了不起，就不再进取，不再向前，就骄傲自满，那也会扼杀创新的思维。

创新是一个国家兴旺发达的不竭动力，是一个民族进步的灵魂。身处于这样的时代，面对新的历史使命和发展机遇，每一名员工都要培养自己的创新精神，在工作中充分发挥自己的想象力和创造力，打破旧的思维及行为模式，走上创新之路。这样，你才能赶上迅速前行的时代列车，使你的事业兴旺发达。

# 5

# 多读书读好书，从书本中汲取科技文化知识

书籍是人类的精神食粮，是人类走向文明与进步的阶梯。戏剧大家莎士比亚曾经说过："书籍是全世界的营养品。生活里没有书籍，就好像没有阳光；智慧里没有书籍，就好像鸟儿没有翅膀。"中国则有"书中自有颜如玉、书中自有黄金屋、书中自有千钟粟"的古话。

书籍是知识的宝库，是人类的精神财富。当你迷惘时它会为你指点迷津，当你意志低沉时它会激发你的勇气和热情，当你居功自得时它会教你冷静和淡定，当你一无所知时它能把你带向智慧的顶峰。所以，只要善于从书本中汲取知识和智慧，从书本中学习经验和教训，就能使我们更加睿智、更加明慧、更加从容地对待生活。

犹太人可以说是世界上公认的最聪明和智慧的民族，涌现出众多优秀的思想家、科学家、艺术家和商业奇才。马克思、爱因斯坦、门德尔松等就是其中杰出的代表。他们超常的智慧正源自于他们喜好读书的传统。

在犹太人家里，小孩子稍微懂事，母亲就会翻开圣经，滴一点蜂蜜在上面，然后叫孩子去吻圣经上的蜂蜜。这种仪式的用意是，书本是甜的。犹太人的读书量在世界上是首屈一指的。据联合国教科文组织 1998 年的一次调查，在以犹太人为主的以色列，14 岁以上的人平均每月读一本书，平均每人的读书量高居世界各国之首。以色列各村镇大多建有环境高雅、布置到位、藏书丰富的图书馆或阅览室。在这个仅有 500 多万人口的国家，有各类杂志 900 多种。热爱学习、崇尚读书的氛围，塑造了犹太民族独特的聪慧气质和令世人艳羡的伟业。

书籍是人类智慧的结晶、力量的源泉、进步的阶梯，人类所有的聪明、智慧、经验、教训、方法和创意，都浓缩在一本本的书中。为什么人类会不

断地向前发展？为什么有文化传承、有书籍流传的民族能比其他的野蛮民族发展得更加迅速、更加强大？正是因为他们从书籍中汲取了前人的智慧，从书籍中掌握了大量的技术，并不断地从书籍中得到无边无尽的灵感和创意！

一本好书就是一个无言的人生导师，一本好书就是一个相伴终生的忠诚朋友，一本好书就是一支暗夜中的火炬，一本好书就是一个人幸运的开始！不管什么样的书，只要是一本好书，你都能从中获取知识，汲取智慧，得到经验，慰藉心灵，使你的心灵得到成长，境界得以提升。一个民族的精神境界，很大程度上取决于全民族的阅读水平；一个社会的文明程度，也取决于社会公民的阅读程度；一个人的素质水平，当然在很大程度上决定于他所读的书籍。

哈利·杜鲁门是美国历史上著名的总统。他没有读过大学，曾经营农场，后来经营一间布店，经历过多次失败，当他最终担任政府职务时，已年过五旬。但他有一个好习惯，就是不断地阅读。多年的阅读，使杜鲁门的知识非常渊博。他一卷一卷地读了《大不列颠百科全书》以及所有查理斯·狄更斯和维克多·雨果的小说。此外，他还读过威廉·莎士比亚的所有戏剧和十四行诗等。杜鲁门的广泛阅读和由此得到的丰富知识，使他能带领美国顺利度过第二次世界大战的结束时期，并使这个国家很快进入战后繁荣。他懂得读书是成为一流领导人的基础。读书还使他在面对各种有争议的、棘手的问题时，能迅速作出正确的决定。例如，在20世纪50年代他顶住压力把人们敬爱的战争英雄道格拉斯·麦克阿瑟将军解职。他的信条是："不是所有的读书人都是一名领袖，然而每一位领袖必须是读书人。"

书籍是智慧的不竭源泉，书籍是人生永远的朋友。所有的知识都可以在书中获取，所有的道理都可以在书中找到，所有的技术、技能都可以在书中学习，我们为什么不去多读一些书呢？

很多职工不读书或是少读书的理由就是"工作太忙，没有时间"。确实，高节奏的生活和工作使我们每一天都处在一种匆忙的状态中，很少有时间能静下心来好好地读一本书。但是零散的时间利用起来，也是不错的选择呀。比如每天抽10或15分钟，这个时间不多吧？但是只要你坚持，养成习惯，每天10分钟，一个月你也可以读完一本书，也会对这本书所涉及的领域有所领悟；如果每天都翻阅一本杂志，那一年就翻看了 300 多份杂志，知识面自然会开阔了许多；如果一年能读一本专业技术书籍，那你的技术也会提高不少……养成读书的习惯，利用任何有效的时间，多读书，你的进步不言而喻。

不仅要多读书，而且要读好书。当今出版业空前发达，各种各样的书籍让人目不暇接，眼花缭乱，想要把所有的书读完那是不可能的，我们只能选择性地读，读好书，读我们喜欢的书，读对我们有用的书。那么，我们该怎样选择呢？

首先剔除可以不读的书。有位作家也曾指点读者："完全读不懂的书可以先不读或永远不读；炒得火爆的书可以先不读或永远不读；味同嚼蜡的书可以先不读或永远不读；据说一读就可以成为天才或发大财的书可以先不读或永远不读。"这个标准不错，可以在自己选择时参考。

其次要选择自己喜欢的书。不管做任何事情，兴趣都是第一位的，读书也一样。自己感兴趣的书，才能读得有滋有味，才能自觉主动地去读。如果选择一些自己兴趣不大甚至不喜欢的书，也许一年也翻不了一次，与其他这样的书在你的书桌上睡大觉，还不如挑几本自己爱读的书，天天为伴。

第三要选择那些对自己的人生和工作有所帮助有所裨益的书，这样的书才能让我们提升得更快，成长得更顺利。要围绕补充完善自身知识结构多读一些业务技能和经济、法律、哲学等方面的书，并把学习与思考结合起来，坚持边读书边思考，做到学以致用、用以促学、学用相长，以提升自己的技术、技能和业务素质。

第四要选择那些可以给人以文化熏陶、思想启迪和精神力量、能够慰藉心灵和平复躁动的书。我们可以选择那些口碑良好的经典书籍来读。而且这样的要反复阅读、仔细品味、融会于心，让心灵和书本融为一体，修养自己的心性。

伟大的思想家培根说："历史使人聪明，诗歌使人富于想象，数学使人精确，自然哲学使人深刻，伦理学使人庄重，逻辑学和修辞学使人善辩。总之，读书能陶冶个性。每一种心理缺陷，都有一种特殊的补救良方。"只要你愿意去阅读，愿意去领会，愿意去学习，每一本书都是你向前行进的动力，都是你走向成功的阶梯！

# 6 积极参加文化活动，提升自己的文化素养

文化素养的提升是一个长期的过程，不仅需要企业想尽千方百计、利用各种途径提高职工的科技文化素质，更需要每一个职工积极主动参与到企业的各种文化活动中去，自我提高、自我修养、自我学习，提升素质，增强能力。

在当前，提高职工的素质正在掀起全国性的热潮，很多企业都会举办各种各样的文化活动。这些活动根据每个企业的不同而形式多样，内容丰富，正是广大职工提升自己的绝佳机会。比如一些企业为提高企业职工的文化素质和劳动技能开展的学习培训活动；为开发企业职工智力，培养职工的创造性和成就感，开展的技术创新活动；为培养和提高企业职工艺术审美水平和艺术创造能力开展的文学艺术活动；为丰富企业职工的精神生活，陶冶职工情操的文化娱乐活动；为培养企业职工拼搏进取精神，增强体质开展的各种体育竞技活动；为使职工增强对企业的感情，加深对企业福利环境和文化氛围的依恋，开展的福利性活动；为使职工树立起主人翁意识，强化和确立共同理想和企业意识开展的思想性活动，等等。积极参与到这些活动中去，不仅可以使自己与同事、与企业贴得更近，也是提升自己的文化素质、学习各种文化知识、陶冶自己的情操的最好机会。

(1)积极参与企业的各种娱乐性活动

主要是各种文艺、体育等娱乐活动，如举办和组织职工之家、职工俱乐部、电影放映晚会、录像放映、电子游艺、图书阅览、征文比赛、摄影比赛、书法比赛、周末舞会、文艺演出、春秋季运动会、各种球类比赛、射击打靶、游泳、滑冰、野游、游园、钓鱼比赛、自行车比赛、“五月歌会”、“戏剧之春”、“班组之声”等。经常参与这些活动，在与同事们的交流、比赛、学习等活动中，无疑可以很快地激发我们对这些活动的兴趣，努力学习各方面的技巧和艺术，大大提升自己的文艺素养。

比如通过各种文艺活动，如征文比赛、摄影展、文艺演出等活动，参与其中的职工必然会尽其所能，学习和练习，以最好的水平展示给大家。在这样的过程中，无疑会使职工对这些方面的知识和技能得到更好地提高和丰富，从而使职工的文化素养也得到极大的提升。

(2)积极参与企业的各种技术性活动

在常规的企业生产、经营之外，围绕企业的生产、经营、技术和智力开发等问题，由企业倡导或员工自发组织进行的技术革新、管理咨询、劳动竞赛、教育培训等活动。这类文化活动可以激发员工的创造欲和成就感，使员工看到自己的价值和责任；同时，它又是企业结合生产经营，在生产过程之外培育和开发员工素质的一个基本途径，而这些活动每一次的圆满结果和获得成功、取得成果，又都可以使职工产生一种满足感，从而持久地促进企业健康向上、积极进取文化环境的生成和发展。对于广大职工更是一次难得的学习和提高的机会，多参与这样的活动，会使我们的技术技能迅速得到提升，使技术更加精熟，文化素养也得以提高。

(3)积极参与企业的各种思想性活动

这种活动包括以下类型：首要的是一些政治性的文化活动，如开展形势教育、法制教育、理想教育、道德教育、政治学习和其他有关的思想政治工作。其次，还有一些像新书报告会、生活对话会、读书月、读书竞赛、读书沙龙等。

(4)积极参与企业的各种福利性活动

主要是企业从福利方面关心的各种活动。企业通过这些活动，在职工中，在企业内外，造成浓厚的人情味，造成有利于企业发展的“人情场”，使职工加深对企业的感情，加深对这种福利环境和文化氛围的依恋感。积极参与这些活动，对于职工的心灵修养、情感提升和人格道德的提高，都是一次机会。在关心人、爱护人、尊重人的活动中，体现出的不仅是企业对于职工的关心和爱护，也是对职工的一次情感教育，使职工感受到企业大家庭的温暖，也激发职工内心的善良，使心灵得到一次净化，情感得到一次升华。

积极参与企业的各种文化活动，利用一切可以提升自己的机会，虚心向一切值得学习的人学习，你一定能快速提升自己的文化素质，成为企业不可或缺的人才，在竞争中立于不败之地。

# 第四章

# 不断提高技术技能素质，练就新时代的专家型职工

提高职工的技术技能素质，不仅是推进技术进步、大力发展生产力的需要，也是企业发展壮大、职工适应岗位工作的需要。当前产业结构调整不断深入，产业升级不断加快，对技术技能的需要日新月异，企业急需大量技术人才尤其是高技术高技能人才，需要一大批掌握了先进生产技术、并具备扎实专业技能的专家型职工。因而，提升职工的技术技能素质就尤为重要。广大职工要积极学习先进的生产工艺和技术，勤学苦练，发挥专长，干一行精一行，努力把自己打造成新时代的专家型员工，才能更好地适应时代的发展，适应自己成长的需要，成为企业最需要的高技能人才。

1

# 高技能人才是现代企业最需要的职工

技术技能素质是职工成功完成某种任务或胜任工作的必不可少的基本素质。伴随着我国经济的快速发展,经济全球化不断深入、产业结构的调整与升级和科学技术的日新月异,对技能人才特别高级技能人才的需求日益凸显,技术工人、技术人才严重短缺已成为制约产业结构调整升级和推动经济发展的瓶颈因素。因此,进行技术技能素质建设是职工素质工程建设的重要内容。

什么样的人才是企业最稀罕、最需要、最紧缺的人才？从企业招聘的态势中就可以清楚地看出来:

2010年4月,天津市经济信息委员会在国展中心举办了“天津制造业暨工业重大项目企业大型人才交流洽谈会”,包括南车集团、富士康科技集团、中船718所、长城汽车等本市重大工业项目企业、国有工业集团公司、国防军工和大型央企等近千家企业进场招聘各类人才1.5万人,其中5000个职位面向应届毕业生。

高级技能人才则成为招聘会上的绝对“主角”。需求占近40%,人数超过4000人,主要集中在产品试制转配、设备维修维护、数控机加工操作及电工、钳工等技能性较强的岗位。用“求贤若渴”形容企业招聘时的状态一点不为过,部分招聘岗位对应求职人员采取不限数量吸纳,像富士康集团在展位前更是打出了“适合者当场确认录用”的标语。

据统计，共有近 2 万人进场求职，初步达成意向 20%。富士康集团原本在此次招聘会上打算招到 300 人，而最终招进 400 多人。

不是"白领"，也不是"蓝领"，而是"灰领"——高技能人才，才是企业最需要、最渴求、最稀罕、也最紧缺的人才。不仅仅是这些企业需要这样的人才，而是所有的企业都需要这样的人才。中华全国总工会副主席周玉清就曾表示，中国企业目前最缺的不是大学生，而是高技能人才。据统计，当前我国城镇劳动者有近 2.6 亿人，技术工人约占总数的三分之一，且多数为初级技工，技师和高级技师的比例仅为百分之四。而企业对高技能人才的需求是 14%，供需相差十个百分点。企业最需要的技术精熟的"高级蓝领"和"灰领"严重短缺，已成为制约经济发展的瓶颈。

"高级蓝领"就是指那些技术精熟、经验丰富的技术工人，如各行业技师、高级铣工、钳工、车工、刨工、铆工、锻工、磨工、暖通工、油漆工、裁剪缝纫人员、织造人员、高级技工、强弱电工、制冷工、机电维修工、装配工、中西厨师等高级技工、技师。

所谓"灰领"，就是介于"白领"和"蓝领"之间的，有知识、有技能的高心智、高技能型的人才。根据国家职业分类大典，"灰领"可以描述为：在制造企业生产一线从事高技能操作、设计或生产管理以及在服务业提供创造性服务的专门技能人员。像数控机床、模具工、地理信息、广告创意、服装设计、软件开发工程师、装饰设计师、动漫设计师、网络管理、电子工程师、软件开发工程师、室内装饰设计师、绘图工程师、会展策划、模具工程师、数码影像技术、茶艺师等专业人才。这些高技能人才，正是企业最需要的人才，不仅需求量较大，而且薪酬待遇也远远超过普通蓝领甚至白领。

可见，提升职工的技术技能素质，在企业内部培养高技能的人才，也已经成为众多企业的选择。所以，作为职工，特别是技术工人，要想在企业得到好的发展，使自己职业常青，立足岗位，努力学习，培养和提高自己的技术技能，把自己的技术练得精熟，成为企业最需要的"高级蓝领"或"灰领"人才，就是自我成长的关键。

可见，对于很多职工而言，成为一个技术精熟、素质良好的"高级蓝领"或是一专多能的"灰领"，是使自己在职场之路走得更顺、在职场发展更快的捷径。只有成为一名企业离不开、别人不可替代的高技能型人才，才能保证自己职业长青，在越来越激烈的竞争中永立不败。所以提升自己的职业技术技能素质，至关重要。

2

## 努力学习，掌握先进的生产技术

技术技能素质包括岗位专业技术能力和岗位综合胜任能力两部分。技术技能可分为专门的生产技术技能和非生产技术技能。生产技术技能一般是指人们完成本职岗位工作应具备的技术和能力，如：产品的制造技术、工艺流程的实施等。非生产技术技能一般是指人们自身应该具备的、与完成本职岗位工作相关的技术和能力，如：一个人的写作能力、语言表达能力、学习研究能力、人际沟通能力、自主创新能力以及合作能力、竞争能力、适应能力、执行能力等等。

谁掌握了先进的技术，谁就能成为最大的赢家，谁就能突飞猛进，谁就能笑到最后。曾经的数字英雄们创造出来的一个又一个数字财富的传奇，正是技术推动的最好的证明。从收音机到电视机，从 VCD 到 DVD，从胶片到数码，从三洋到海尔，从台式电脑到笔记本，从传呼机到手机，从比尔·盖茨的微软帝国到雅虎谷歌的一统江湖，从网易信箱的异峰突起到腾讯 QQ 的一枝独秀，从扎克伯格的“脸谱”神话到新浪微博的热浪滔滔，哪一个企业帝国、哪一次狂飙突进，不是先进技术的强力牵拉和狂热推进的结果。先进的生产技术，就是一切变革的源头，一切发展的动力，一切成功的资本。

全球最大的社交网站 Facebook（脸谱）创始人马克·扎克伯格，正是因为自己开发和掌握了最先进的程序技术，并开发出

了最好的社交软件，从而成为新时代的硅谷英雄。

2004年2月24日，Facebook诞生于扎克伯格的哈佛大学宿舍，它的主旨就是分享和沟通。我们今天使用的新浪微博，就来自于这个模式。Facebook就是一个社交网站，在网络上构成了一个微缩的现实社会，只是更方便于交流、沟通、发表意见、报告行踪和交上朋友。

Facebook为每个用户提供了一张通过人脉形成的网络关系图，决定着信息的来源和意见的去处，但其终极目标是要做出一个索引，创造出任意两个个体间直接的联系途径。成千上万的用户习惯性地每天登录Facebook，看看朋友们的所见所闻，所思所想。作为用户的你，只要在Facebook上更新个人页面或者发一条微博，就能让自己的朋友圈——有时甚至是全世界，知道自己在日常生活中遇到了什么。它的方便、直接和更真实的交流方式得到了数以亿计的人的欢迎，这使它在创建2年后的2006年，就拥有了5亿用户，而目前的用户已经超过10亿。这个庞大的社交网络几乎成为另一个真实的社会。

2012年2月，Facebook正式提交首次公开募股申请，计划上市融资50亿美元。由哈佛大学辍学学生扎克伯格创办的网站将创下史上科技公司上市规模之最。而据分析人士预计，Facebook目前估值高达750亿—1000亿美元。作为Facebook的创始人，扎克伯格个人持有的股权价值超过250亿美元，仅用了8年就超过了传统富豪苦心积累数十年的财富。

先进的技术永远是生产变革和时代前进的最大的推动力，当然也会成为个人成功的最有力的武器。也许要求我们每个人都能像比尔·盖茨、杨致远、扎克伯格他们那样开发出领先世界的技术，从而获得自己的巨大成功太过苛刻，而且也不可能，但对于普通职工而言，及时掌握和应用新的技术，也会给自己带来空前的成功。像许振超、窦铁成以及许许多多原本平凡普通的职工，正是凭着自己对科学知识的渴求，不断努力，拼命学习科学知识，才终于成长为“知识型员工”、“专家员工”、“金牌员工”，甚至成为时代的楷模，成为职工的领头人的。

包钢燃气专业技术带头人、燃气厂净化车间主任任志强，

1993年从内蒙古工业大学毕业后就来到了燃气厂。四年的大学生活,使他养成了爱读书、爱学习的好习惯。来到燃气厂后,任志强暗下决心,要尽快成为燃气专业的行家里手。为尽快熟悉、掌握工艺流程,他不停地辗转于生产一线,虚心地向师傅们请教。遇有疑难问题,他都会记在随身携带的小本子上。

刻苦学习的拼劲、不服输的钻劲、持之以恒的韧劲,使他对于生产技术从纯熟到精熟、从专业成为了专家。2001年,时任防护车间副主任的他,在包钢31号公路焦炉煤气管道大修工程中,一举创下组织156次煤气危险作业零差错的纪录。2003年,他总结的"堵球胆技术在冶金企业中的应用"荣获包钢先进操作法。

2004年,受命担任净化车间党支部书记、主任后,与团队开展了高炉煤气余压发电、干法除尘等公司重点节能项目的技术攻关,为缓解包钢电力紧张发挥了至关重要的作用。这些曾经的"废弃物"变成了价值呈几何级增长的"宝贝"。2009年,6座高炉总装机容量已达57000千瓦时的煤气余压发电系统,全年发电超过3.9亿千瓦时,创直接经济效益1.732亿元。由于该设备在运行中不消耗宝贵的碳资源,仅此一项还可节约标准煤18.07万吨,减排二氧化碳28.32万吨、硫化氢3322吨。任志强也并先后荣膺包钢"知识型职工标兵"、"创新能手"等殊荣。

对于职工而言,熟练掌握先进的生产技术就是每一个职工奋发有为、不断进步、不断从优秀向卓越、从卓越向完美靠近的前提。

毫无疑问,学习是我们提升素质、掌握技术、增强能力、顺利晋升的唯一途径。不管是谁,不管做什么样的工作,他都不可能生来就会,他都需要不断地学习才能提高自己,不断更新自己的知识结构,不断掌握新的技术和技能,才能跟上时代的步伐,才能适应岗位的要求。特别是对于那些对技术依赖性较强的行业和岗位,技术的推陈出新日渐加快,每天都在不断地进行着技术的创新和革新,每天都会有新的技术应用到生产经营中来。如果不愿意学习,或是不善于学习,我们就难以掌握这些新的、先进的技术,就必然会被岗位淘汰。所以,主动学习、善于学习、努力学习,是我们提高自己的技术水平,掌握先进的生产技术和技能的重要方法。

工作是学习的绝佳场所。一个人的成长过程大部分是在职场中度过的，因此，我们必须学会在工作中学习，在工作中成长。充分利用企业“职工书屋”的平台、技术培训的机会、各种竞赛交流的场合，主动向先进模范、身边的同事、技术能手等学习。向他们学知识、学方法、学经验。向能者学习，向一切方面强于自己的人学习，哪怕是细微的一点点；向失败者学习，在职场中我们常常会有这样或那样的失误、错误甚至失败，从自己的错误中吸取教训是成长，在他人的错误中看到值得借鉴的东西同样是成长的一种有效的方式；向先于自己进入企业、或某一领域的人学习，向有所成就、有所心得的人学习，你必然将以惊人的速度成长。

只有学习才能进步，只有学习才能提高。努力学习，才能熟练掌握先进的生产技术，才能提高自己的技术素质，才能真正成为一个高素质的现代的职工。

熟练掌握先进的生产技术，不仅是岗位工作的需要，也是职工的义务和责任，更是职工自我发展的重要前提。只有一个技术熟练、能力高强的员工，才是企业需要的人，也才能使自己脱颖而出，取得自己的职场成功。

3

## 勤学苦练，练就扎实的专业技能

专业技术技能是职工生存必须具备的本领。不具备过硬的专业技术技能，就不能胜任本职工作，更不能在竞争激烈的市场中占据一席之地，就会被淘汰，就会被后来者替代，这是不容置疑的。不同行业的技术技能要求也不同，如：数控机床行业要求数控机床加工工艺与编程、程序输入、数控加工等技术技能，电气控制技术行业要求维修电机、变频器、继电器及设计可编程控制系统等方面技术技能，汽车维修行业要求汽车故障的诊断与排除等。

专业技能就是每一个职工赖以生存的基本能力，也是一个职工超越平凡走向卓越让自己不可替代的重要能力。中国有句古话，“良田万顷，不如薄技随身。”有一技之长的员工毫无疑问是最具有竞争力、最不可替代的职工。

专业技能的关键就在于“专”，在于“精”，在于“熟”，而要做到这几点，唯一的路就是“练”，勤学苦练是成就高超的专业技能唯一路途。

其实技术技能的掌握和熟练没有半点巧，只在于勤，在于练。我们都知道有个成语叫“熟能生巧”，正是点明了“熟”就是高超的技术和技能的最大秘密。

北宋时期有个人叫陈康肃，号尧咨，特别善于射箭，箭术精良，举世无双。因而心里非常的骄傲，常常夸耀自己的本领。

有一天陈尧咨带着徒弟在院子里练习射箭，有一个卖油的老翁正好走过，看见他射箭，便停下来看。

陈尧咨举起了弓，搭上箭，一连发出十枝箭，每支箭都正中红心。徒弟们在旁边拍手叫好，陈尧咨也很神气地对老翁说：“你看我射得怎么样？”那个老翁只是微微点头，并不叫好。

陈尧咨心里很不服气，毫不客气地问他：“喂，你这个老头也会射箭吗？”

“不会。”

“那么是我的箭射得不好吗？”

“你射得还好吧。不过，这只是一项平常不过的技术罢了，并没有什么了不起。”

“老头儿，你说的是什么话？竟然这样侮辱我们师父。你知不知道我们师父的箭术，没人能比得上。你简直太看不起人了。有本事你也射几箭让我们看看？”

“射箭我可不会，不过我可以倒油给你们看看。”

老翁拿了一个葫芦放在地上，又在葫芦口上面放了一枚有孔的铜钱。然后从他的大油壶里舀了一勺油，高高地举起往放在地上的油葫芦里倒，只见那油就像一条细线一般，笔直地从钱孔正中间流入葫芦，一丁点儿也没有沾到铜钱。周围的人都惊

呆了。

老翁却很谦虚地说："这也没有什么，不过练得多了，手熟了而已！"

其实不仅仅是射箭、酌油，世间一切技巧，都不过是"唯手熟耳"，练得多了，练得熟了，自然能练就超凡脱俗的技能。对于我们现代职工，也是一样，不论什么样的技术技能，都需要我们勤奋苦练，才能真正成为"专才"，成为"神手"，成为最不可替代的专家型员工。像售货员张秉贵的"神手"、水电工张兴冠的"神耳"、吊车工许振超的"神技"，都是苦练的结果。

全国劳模张秉贵的"一抓准"的神技，就是他苦练练出来的。为了练出一手过硬的售货技术，他牺牲了自己很多业余时间。多少次，他抓了称，称了又抓。卖糕点时，他买来硬饼干，白天练，晚上摸，夏练三伏，冬摸三九，硬饼干碎了，换成了磨圆的瓦片。卖糖了，他先后买了二百几十种糖果练习"一抓准"。就这样，他熟知了不同品种糖果的块型、重量、每斤或每两有多少块，不论是一斤、半斤、一两、二两，他练出了一抓就准的"神手"。

张秉贵从小没有进过学校，初中程度的文化全是靠自学和新中国成立后在夜校学得的。为了把自己的头脑变成计算器，他反复学习速算法，加快运算，口念心算，在数字的王国里探索追寻。终于滴水穿石，熟能生巧，练成了比"一抓准"更绝的"一口清"技艺。

一次，有位顾客对张秉贵的技艺表示怀疑，来了个现场考试。他事先算好了价格，而糖种要求不一，量、钱数目不等，待张秉贵给他称好包完，报出的款数分厘不差，这位顾客心服了。

一位日本客人拿着电子计算器与张秉贵连续比试三次，三次张秉贵都准确无误，日本客人也心服口服了。

张秉贵售货成了一门艺术，成了北京一景，一位张秉贵的老主顾，曾经特意献诗一首："首都春浓任君游，柜台送暖遍神州。燕京八景添一景，秉贵售货领风流。"张秉贵的售货艺术，成了燕京第九景。一位懂得音乐的顾客在观察了张秉贵的售货后说："你的动作优美，富有节奏感，如果配上音乐，是很动人的旋律。"

不经一番寒彻骨，哪得梅花扑鼻香！任何成就都缘自勤奋，都出自汗水，都是勤学苦练的结果。大发明家爱迪生说得好："天才就是1%的灵感加上99%的汗水"。没有人天生就会，更没有几个人真的天生"神技"，所有的"神技"都缘自勤学苦练，都来自于数不清的汗水。

刘家峡水电厂职工张兴冠有一双能"听见"发电机组运行是否正常、有何故障，以及故障所带来的危害和影响的"神耳"。凭借这一双好耳他创造了98995项操作无差错的全厂最高纪录。

但他的耳朵并没有特别之处，这双"神耳"不是天生的，而是长时间勤学苦练得来的。工作20多年，对设备出现的各种情况都默记于心。发电机带多大负荷，水头多高，机组的震动程度及发出的各种声音都不同。老张就仔细分辨，认真揣摩，甚至养成了一个毛病，只要听见不正常的声音，老张就必定要弄个明白，到底是什么原因，不弄明白不罢休。经过长期的练习，老张的耳朵渐渐"神"起来。不管什么毛病老张一听，就知道有什么问题。有一次3号发电机发出很细微的异音，一般人都会以为是机组调整负荷发出的，老张听到的则是危险的信号："不好，导叶剪断销断裂了。"果然不出老张所料，有三根剪断销断裂。经紧急处理，避免了一次重大的停机事故。

成功没有捷径可走，优秀也没有近路可达。不管什么技术，不管什么岗位，要成为一个技能超群、技术过硬的行业技术尖子，成为企业的"专家型员工"、"金牌员工"，勤学苦练是最重要的方法和途径。

全国劳模、技能高超的"桥吊专家"、多次刷新集装箱装卸世界纪录的"金牌工人"许振超，有许多"绝活"，像"一钩准，一钩净"、"二次停钩，无声响操作"。有一次他在吊具上装上一根电焊条，从30多米的高空中全速下降，一分钟内把电焊条插到啤酒瓶口里，分毫不差，把大家看得目瞪口呆。

这些被外国船员称为匪夷所思的"神功特技"、"绝活"，并不是许振超天生就会的，都是勤学苦练而成。比如许振超的第一项绝活"一钩准"是他不知疲倦地苦练了好几个月，许振超按照自己创造的土办法苦练操作技能，他经常从距起吊位置很远的地方吊起满满一桶水，转动吊臂，吊到铁路中央事先画好的圆圈里，平稳落地后，又将水桶吊起来放回原来的地方，就这样不

知疲倦地重复着，慢慢的，他体会到，门机操作的关键在于操纵杆变换的速度、力度和幅度。功夫不负有心人，几个月后，他所开的门机钩头起吊平稳，钢丝绳走起来是“一条线”，一钩矿石吊起稳稳落下，不多不少刚好装满一车皮。就这样许振超的第一项绝活“一钩准”就练成了。

一次，许振超干散粮装火车作业，发现粮食颗粒小，更易洒漏。他便在工作之余，吊起满满一桶水，练习走钩头，直至练到钩头行进过程中滴水不洒。再去装散粮，一抓斗下去，从舱内到车内，平平稳稳，又一个绝活——“一钩清”又被大家传开了。

许振超坚信只要勤学苦练，就一定能做到。从许振超苦练绝活中，我们可以看出，绝活首先是自己逼出来的，然后要有勤练绝技不罢休的内在动力，“绝活”就一定能做到。从许振超苦练绝活中，我们还可以看出绝活还是靠自己“练”出来的。俗话说“拳不离手，曲不离口”，没有刻苦的练习，就不可能做到熟能生巧，也不可能使岗位技能的掌握到达游刃有余，随心所欲的高超境界。

勤学苦练是掌握岗位技能的唯一途径，也是提升自己职业含金量的途径。要真正掌握技能，达到运用自如、纯熟精通的程度，非下苦功夫不可。下苦功夫就是多学多练，立足本职岗位，学习岗位技术，利用一切时间，掌握练习方法，使各项技能达到纯熟的地步。技术技能要掌握不难，但要练得精熟，不仅非得下苦功不过，还非得持之以恒不可。功夫是练出来的，绝活更是累出来的。怕苦、怕累、怕困难，那是学不好技术的。学如逆水行舟，不进则退，勤学苦练最忌“三天打鱼，两天晒网”，要日积月累，付出长期的努力，才能真正成为技术精熟、技能超群的行家里手，成为企业最不可替代的人。

4

# 发挥优势尽己所长，打造自己的技能品牌

“金无足赤，人无完人”，没有人是全能天才。每一个人的天资和禀赋不一样，擅长和喜好也不相同，每个人都会有所长，也会有所短。而且每一个人的能力和精力都是有限的，即便再勤奋努力的人，也不可能把所有的知识、技术和才能都学会，都熟练，都精通。因而做自己不喜欢的、不擅长的、天赋不够的事情，必然会比我们做自己喜欢的、擅长的、天赋异禀的事情要难得多，成功的机会也少得多。

所以，扬长避短、发挥优势，就是我们最重要的成功智慧。把注意力、精力和能力都集中在自己的优势上，发现、开发、经营和发挥自己的优势，才是最聪明、最高效、也最省力气的做法。与其费尽心思地去改善自己的劣势，还不如努力把自己的优势发挥到极致，更能得到承认，获得成功。

一位国王带着刚会说话的小公主到一个艺术学院视察，学生们都感到非常骄傲和自豪，他们排成一队，逐个表演。一位音乐家唱出了最动听的歌，另一个画家展示了他所绘的精美的画卷，还有一位舞蹈家献上一支优美的舞蹈……就这样，他们一个一个地向国王和公主表示了敬意。

排在队伍最后的是一位表演马戏的小丑，他会的东西不多，只会向空中抛球及其他一些杂耍。轮到他的时候，他有些羞愧，因为他感到了来自同伴的责备的眼光。他从口袋里掏出了几个橙子，抛向空中，玩起了杂耍，因为这是他唯一会做的事情。这时，美丽的小公主开心地笑了，并在父亲的怀中鼓起掌来，国王也非常高兴。

发挥自己的优势，做自己最擅长的事，才能做到最好。在职场上是这样，提升自己的技能也是这样。一定要发挥自己的优势，立足自己的岗

位，把自己最擅长的技能练得更加出色更加精熟，成为自己的一个技能品牌，那就是最大的成功。

巴黎一家五星级大酒店有个小厨师，长得并不英俊，憨憨的，谁都可以说他两句，他都照单全收。他没有什么特别的长处，做不出什么上得大场面的菜，所以他在厨部里只当下手。但是他会做一道非常特别的甜点：把两只苹果的果肉都放进一只苹果中，那只苹果就显得特别丰满，可是外表上看，一点儿也看不出是两只苹果拼起来的，就像是天生那样子长的，果核也被他巧妙地去掉了，吃起来特别香。

这道甜点被一位长期包住酒店的贵妇人发现，她品尝后，十分欣赏，并特意约见了做这道甜点的小厨师。贵妇人虽然长期包了一套最昂贵的套房，一年中也只有不到一个月的时间在这里度过。但是，她每次到这里来，都会指名点那道小厨师做的甜点。久而久之，小厨师和他的苹果甜点成为了这家酒店里最著名的品牌，那些大牌厨师和招牌菜式都退居其后了。

一位著名的思想家说过："如果你能真正制好一枚超级精美的别针，其价值丝毫不输于你制造出一强粗陋的机器。"是的，发挥自己的优势，倾尽自己的所长，打造出自己的技能品牌，不论你做什么样的工作，掌握的是什么样的技能，你一样是一位出类拔萃的"金牌"！

天津港股份有限公司煤码头分公司操作一队队长兼党支部书记的孔祥瑞，从一个原本只有初中文化的工人成为拥有150多项大大小小的发明和创新成果、为企业创造效益8000多万元的高级技师，就是发挥自己的优势，开发自己的特长，从而打造出自己的技能品牌。

1972年，初中毕业的孔祥瑞被分配到天津港码头当工人。文化不高，学历不够，经验不足，孔祥瑞几乎没有什么值得挖掘的优势。但是孔祥瑞硬是自己发掘了一种优势——好学。他把岗位当做课堂，把生产实践当做教材，把设备故障当做课题，把身边拥有一技之长的工友当做老师，勤奋学习、努力探究、刻苦钻研。

为了学习，他找来设备资料，一页一页地学，一项一项地啃，不明白的查参考书，不懂的找别人问，一直到弄懂搞熟；为了学习，他总是随身带着书，为的是从天津市区的家赶往港口的路上可以能看书学习；为了学习，他养成了记工作日志的习惯，每天携带着小本子，积累资料、总结经验……

岗位上的奋力钻研，学习上的刻苦努力，使孔祥瑞逐渐成长为一名专家。他成功发明了专用于港口门机维修的“新型顶升支座技术”，将门机修复时间缩短为 9 个小时；他成功创造了“门机主令器星形操作法”，使门机每钩作业节省时间 15.8 秒，平均每天多干 480 吨的活；他带领队里骨干攻克了门机中心集电器频频发生短路的技术难题，用万向轴取代了卡隼式连接，解决了不同心易损坏的痼疾，被专家论证为“从全新的角度解决了门机中心集电器的故障隐患”；他成功完成了翻车机摘钩杆的改造，每年节省卸车时间 1800 小时，多接卸列车 65700 节，接卸原煤 3200 万吨；他在原耐磨板上加装用钢板制成的网格，实现了耐磨板的“零更换”，每月即可节约材料费 3600 元，节约维修时间 9 小时，而且避免了维修工的高空作业……

作为现代的知识型工人，作为一名在岗位上自学成材、勇于创新的“蓝领专家”，作为企业的“门机大王”和“排障能手”，孔祥瑞已经成为一个响当当的品牌。

每个人都有自己的优势，哪怕没有任何基础，爱学习也是最难得的优势。只要发挥得好，一样可以做出非凡的成绩。

你的技能别人没有，或者你的技能最为出色，你就会成为企业最倚重的人，也就能成就自己的一番事业。所以，无论你从事什么职业，在什么岗位上，都应该花最多的功夫去精通它。让这句话成为你的座右铭吧！如果你是岗位工作的行家里手，精通自己的全部业务技能，并且能尽己所长，发挥优势，铸就自己的技能品牌，你必然能赢得良好的成功的机会，就能成为企业的“技术能手”、“专家员工”、“金牌员工”，就永远无人可以替代。

## 5 干一行爱一行精一行，努力成为专家型职工

一个人无论从事什么职业，都应当树立干一行爱一行的观念，热爱自己的工作，对工作尽心尽责、全力以赴。这不仅是职业素质的要求，也应当是人生的信条。试想，一个人不热爱自己的工作，又怎么能做好自己的工作呢，怎么可能成为行业专家、成为高技能、高素质的现代职工呢？

那些在自己的岗位上干出了出色的业绩、在自己的行业中成为行家里手、在自己的工作领域里成为专家的优秀职工，正是干一行爱一行精一行的典范和代表。

雷锋，不仅仅是一个道德模范，也是干一行爱一行精一行的优秀职工模范。不管做什么工作，他都非常敬业，干一行爱一行、钻一行精一行，在每一个岗位上他都做得非常好。在农村工作，他成为优秀的拖拉机手；在工厂上班，他成为优秀的推土机手；到了部队，又成为一个优秀的战士，最后成长为全社会学习的典范。

窦铁成，中国中铁一局的“金牌员工”，也是一个干一行爱一行精一行的模范，窦铁成常说，当工人就一定要学好技术！不管干啥就要认认真真干出个样子。文化程度低不怕，怕的是没有上进心，不求通不求精。只有初中文化的窦铁成，凭着这种干一行爱一行精一行的精神，几十年来兢兢业业工作，勤奋刻苦学习，他有一个将技术要点和工作记录在笔记本上的习惯，几十年来他已经记满了 60 多本学习和技术笔记，总字数超过了 100 万字。功夫不负有心人，他成为公司里的“金牌员工”，成为了全企业公认的“专家”，已先后主持安装大型铁路变配电所 38 个，为所在企业创造和节约了 1380 多万元，还带出了 300 多名徒弟。

张全民，全国车工技术革新能手，更是凭着对工作的热爱，成为了响当当的技术能手。张全民酷爱车工技术，而且干一行爱一行，用他自己的话说就是“人生最高的价值是热爱”。凭着这种热爱，他不但能操作普通车床，还能操作济南数车、沈阳数车、台湾数车、美国车削中心等5种国内外先进的数控车床，成为一位名副其实的“多面手”，练出了很多“绝活”。

还有发明大王孔利民、专家技工王军、煤机神医栗俊平、全国技术能手邓建军、汽车专家李骏……他们都是干一行爱一行精一行的典范。

干一行就要爱一行，就要钻一行，就要精一行。特别是技术工人，更应当把这一条作为自己的职业信条。因为只有干一行爱一行，钻一行精一行，才能真正把自己的职业素质提升上去，才能真正成为企业离不开的“专家职工”。当你把这一条作为自己的职业信条后，不管你做什么样的工作，你都能做得出色，你都能成为“专家”。

郑勇，全国劳模，他是上海海关最早查出毒品的人，也是查出毒品最多的人。从1994年7月进入上海海关机场旅检处后，就一心一意对待自己的工作，倾注了所有的热爱，并成为这一行的专家。

面对来来往往的人群，他总是琢磨如何从那些非正常旅客的表情神态中，发现问题。于是，他常常似乎很傻地站在通关的道旁，凭旅客的衣着打扮、行走姿势、精神状况判断他（她）是哪一类人，然后判断他们可能携带的行李物品。

这可不是简单的事，为了练就这样的功夫，郑勇努力掌握高速分辨图像的技检技巧和识破疑点的基本功，他虚心请教，刻苦钻研，不断摸索融合察言观色、证件查验、X光机查验、开箱检查、旅客查问、人身检查等技巧的系统缉私缉毒方法。

每当航班空隙时段，他总是不厌其烦地广泛搜集资料，采集筛选大量的毒品走私信息，从中发现毒品走私的手法和规律。一遇到境外海关或周边兄弟海关查获毒品走私案件的消息传来，他都要千方百计打探细节，进行认真研究，从中吸取借鉴先进的缉查方法。

为加深对各类毒品的认知度,他找来各种牌子的奶粉、洗衣粉、咖啡这些粉末状物品,将之装入行李箱,与衣物混、做夹层、用锡纸包,转、腾、挪、移,统统过 X 光机,看看与毒品到底有什么不同。

业精于勤,郑勇渐渐地练就了火眼金睛。2003 年,郑勇破获了一宗偷带毒品案,使上海海关在缉毒方面实现了零的突破。此后,郑勇不断破获偷带毒品的大案要案,近几年,他查获的 5 起毒品案涉及的海洛因达 5021.18 克、3358.53 克四氢大麻粉、1997.98 克氯胺酮和冰毒 1563.85 克。

干一行就要爱一行,就要钻一行,就要精一行。当一个人"干一行,爱一行,精一行"时,才会发挥出他自己最大的效率,而且也能更迅速、更容易地获得成功。所以每一个员工都应当把"干一行爱一行精一行"作为自己的职场信条。不管干什么,不管对不对口,不管喜欢不喜欢,都应当以无限的热情、真心的热爱去对待工作,去钻研技术,去训练技能,努力使自己成长为一个素质优秀、技能超群的专家型员工。

## 6 加强综合能力素质的提升,做企业最需要的复合型人才

要提升职工的技术技能素质,不仅仅是专业技术和技能,也包括其他各种职业活动中应当具备的综合能力素质。如团队协作能力、学习研究能力、人际沟通能力、自主创新能力、工作执行能力、工作适应能力、竞争能力等。只有各方面的能力和素质都得到提升,才能真正成为全能复合型人才,成为企业最需要的"通才"、"全才"。

复合型人才其实就是多功能人才，一专多能型人才。其特点是多才多艺，能够在很多领域大显身手。复合型人才包括知识复合、能力复合、思维复合等多方面。有技术有专业知识，无疑能适应岗位的工作，是企业需要的“专才”，但是在当今学科交叉，知识融合，技术集成的社会发展趋势下，很显然，具有一项专业技能，并在另外领域有特长的“一专多能型”复合型人才更是市场上最缺乏，而企业又求之若渴的人才类型。比如随着IT技术完全融入银行、保险、证券之中，那么，通晓金融、IT两大领域的金融业人才就是复合型人才，而这类人才无疑是当前最抢手、而且待遇也极好的一类。

通过人才的知识结构图我们可以看出什么样的人才是复合型人才：

(1)“I”型人才：这样的人才只有专业技能但知识面很窄，深度够但广度不够。就如同在原始社会，男人掌握狩猎或女人掌握织布就可生存一样，到了现代社会已经过时。

(2)“一”型人才：这样的人才能力很全面，是一个杂家，博采众家之长，但缺乏深入地研究和创新。也就是说，宽度很广，专业能力却不强。这就是社会上出现大学的必要性。

(3)“T”型人才：这样的人才不但有一门专业技能，还有较宽广的知识面，在做专业性工作时能有比较深入的研究。但是，他们的缺点是不能冒尖，没有创新。

(4)“十”型人才：他们既有较宽的知识面，又在某一点上有较深入的研究，他们适应能力强，敢于出头、冒尖，有很强的创新精神，但是掌握的技能还不够多。

(5)“Ⅱ”型人才：他们有较宽广的知识面，同时具有两门或以上的专业技能。这种人能同时做好多种专业性工作。这种人才在目前市场经济中有较强的适应性。

(6)“木”型人才：未来世界倡导多元化，对人才的要求越来越多元。“木”由一竖一横一撇一捺组成。一竖代表大学专业，一横代表综合素质，一撇和一捺可以代表毕业后自己拓展的两种能力，比如计算机和英语。这样的人集中了前面几种人才的优点，是真正的复合型人才。

复合型人才不仅智力超群，而且在性格、习惯、知识结构、学习能力、规则意识以至文明礼貌等各个方面都表现出色。他们脑子灵活，懂得变

通，绝不是那种只会技术或只会读死书的“书呆子”；他们不仅专业技能优秀，而且不管从事什么工作都能迅速适应，快速上手，把工作做得风生水起，有声有色；他们也乐于合作，善于利用团队的力量；敢于负责，从不逃避任何问题；他们敬业乐业，对工作热情无限，激情四溢；他们做事懂得轻重，任何时候都会以企业的利益为重。这样的人才，无疑是最具有创造力、企业最放心也最倚重的职工。

笑起来眼睛眯成了一条线，露出一排白白的牙齿，看上去憨憨的史松建，不怎么善于表达，还带着点羞涩。就是眼前这位形象典型的工人，在18年的职业生涯中，在企业发展的轨迹中，磨砺出一个“全能型”的自己。在中铁一局新运公司杭州地铁项目部，他被称为跨界高手，钳工、电工、焊工、轨道车司机，史松建样样能干，且样样干得出类拔萃。

史松建的本职是电工。最初，史松建只有一个简单的想法，“好好学，好好干”。好好干的最大体现就是遇到难题，能够独立承担起来。那些日复一日的施工中，史松建在自己的专业上，一点一点积累着经验。好手总有用武之地。2003年，在胶济铁路电气化改造工程中，史松建第一次独立负责500米长钢轨焊接场32台群门吊组装。两周时间里，他要让设备既能联动又能个别自动，所有电路必须重新设计配置。这是一次飞跃，这次组装群吊成功，史松建在项目部树立起了技术大拿的形象。

这位电工技术大拿，却并未满足，他学起了焊接工，而且在焊接工里，也成为响当当的人物。学一门就钻一门，钻一门就成一门，成一门还要精一门，史松建在焊接工作上，成长飞快。在一次中铁一局的钢轨焊接工技能比武中，新手史松建居然获得了第二名，一下子在全局扬名。

在胶济线上，首次接触长钢轨焊接工作，史松建运用自己电工方面的知识，发现了正火机床的电器线路老化，令正火工位施工时间长达5分钟，是影响这道工序乃至整个焊轨线工作效率的瓶颈。史松建开始琢磨，能不能优化正火机床的集成线路？他拿着图纸边学边琢磨，不懂的地方就去请教专业技术人员，反复试验，逐个击破难点，最终使正火机床单位作业时间缩短至1

分半钟，同时探索出一套独特的正火工序错做方法，并在新运公司得以推广。

工作18年，史松建干过的工种有：电工、钢轨焊接、整体道床浇注、作业队管理、轨道车司机、起重工、钳工。18年间，不管干什么工，史松建就坚持了一件事：做一个好工人，一个全能型的、总是被需要的好工人。很显然，他做到了，他成功了！

一专多能，就是不仅要有自己拿得出手、干得出色的专业技术技能，其他的工作也有足够胜任的能力。这样的人，当然是不论在哪里都会有所成就，都会得到重用的。俗话说得好，"艺多不压身"。多一门技艺，就是给自己多开一扇方便之门，不但有活路，而且有出路。

那么，职工该怎样使自己成长为复合型的人才呢？

(1)养成知识嫁接的习惯

知识嫁接不是简单的知识"拼盘"，而是将各类知识进行融合，相互补充、相互依存，自觉渗透、交叉，促进交叉知识、边缘知识在头脑中生化、成长。可以跨专业、跨地域学习，接受不同学校、不同地域、不同专业的学习，打破人为的专业"藩篱"，让知识自由流动。

(2)多干几份工作

不是说要跳槽或是跨行业，就在自己的企业内部，就在不同的岗位和不同的工种之间，主动要求换一换你的工作，会对你的成长大有裨益。比如干了三年文秘，你已经把文秘工作弄通弄透，掌握了足够的技能之后，为什么不能主动要求去广告部干一干策划？或是干了两年文案策划，自己有满意的文案和成功的广告了，还想去学习和体验一下广告业务的工作时，为什么不能主动要求换一下岗位，让自己再多学一些知识和技能呢？

多干几份工作，就多许多成长的机会，也多了许多锻炼自己能力、提升自己技能的渠道。工作其实是最好的学习和锻炼的地方，只有深入其中，你才能学到真正实用的知识，练出真正实用的技能。

(3)掌握先进技能

先进技能其实并不奇，也并不难。因为不需要我们去开发，只是需要我们去掌握去使用。像最新的电脑信息技术，计算机技术，电子化工作程序以及最新的一些生产技术。这是提高自己的综合技能的重要前提，也

是提高专业技能的基础。

比如，以前的会计工作都是手工完成的，而现在全是专门的财务软件来进行。如果作为一个会计不能掌握这些先进的技能，不会使用财务软件报账，那你必然会被淘汰。相反，如果你并不是做财务工作的，而你也能掌握财务软件的使用，无疑你就会有更多的工作机会。

再比如目前的招投标工作，也开始使用专门的软件进行了。以前都是把所有的材料写好、整理好后打印成册，去招投标。而现在必须通过电脑上传所有的文件和信息。如果不能掌握这些技术，无法熟练应用电脑技术来操作，那就会连投标的资格也没有。可见掌握这些先进的技术无论是对企业还是对个人的发展，都是相当重要的。

(4)开放思维，变通执行

面对同一个问题，要从不同角度去思考，得出多种不同的结果，就可以拓宽思路，找到最完美的解决方法。在不同领域的知识，要善于用发散型思维方式去思考，并将思考结果加以比较，找出异同点，将知识信息加以对流、连接，知识的复合就更简捷和有效。养成这样的思维习惯，必然有利于我们成长为复合型的人才。

(5)有意识地提高自己的能力

不论是口才、外语、沟通、交流还是合作、领导、指挥的能力，我们都可以在平时的工作中有意识地培养。这些专业之外的能力，正是我们综合素质和能力的具体表现，也是我们“一专多能”的前提。同时，对于自己的专业能力，一定要精益求精，好中求好，不断提高，越来越好才行。专业技能是我们的基础，任何时候都要握在手中。不能因为提高了其他能力而忽视专业能力的提高。只有在自己“专”的基础上再“多能”，才能使自己成长为真正的复合型人才。

复合型人才，不仅是在知识结构上要复合，专业技能要复合，思维模式上也要复合。“术业有专攻”和“一专多能”并不矛盾，其实就是“艺多不压身”这个道理。“懂得多精得多，路就多了”，想干的事、能干的事也就多了，对于自己的人生选择也会多了，成功的机会自然也就多了。

# 第五章

# 提高民主法治素质，遵守法律法规履行民主权利

民主法治素质，就是一个公民对于民主和法治的认识水平、主观态度和实践程度。民主法治是协调各种社会利益关系、创建充满活力的社会环境、维护社会安定、营造良好秩序的重要保证，加强民主法治素质建设是职工素质建设必不可少的内容之一。

作为社会公民，遵守法律法规，履行民主权利，是职工基本的义务，也是重要的权利。职工要知法懂法、遵法守法、依法办事，树立契约精神和规则意识，要提高自己的民主意识，履行自己的民主权利，积极参与企业的决策和管理，以高度的主人翁意识为企业出谋划策，促进企业的发展。

1

## 知法才能守法，懂法才能用法

现代社会是法治社会，民主和法治是现代社会的基本特征之一。所谓民主法治素质，就是一个社会公民对于民主和法治的认识水平、主观态度和实践程度。

法律是社会行为的根本准则，遵守法律是现代公民的基本素质，也是每一个职工的重要素质之一。所谓法律，就是指由国家制定或认可，并由国家强制力保证实施的、需要全社会普遍遵行的行为规则。它把现实社会关系进行抽象的概括，是一种比较定型、反复适用的行为规则。以正义为其存在的基础，以国家的强制力为其实施的手段。

法律有广义和狭义之分。广义的法律是指法的整体，包括法律、有法律效力的解释及其行政机关为执行法律而制定的规范性文件(如规章)。狭义的法律专指拥有立法权的国家机关依照立法程序制定的规范性文件。

法律的作用是普遍的、广泛的，针对全社会的。法律规范着每一个公民的行为，是每一个公民都必须遵守的行为准则。任何人都必须受到法律的约束，接受法律的监督，遵守法律的规定，一切言行、举止、行为都必须符合法律的规范。

毫无疑问，知法是守法的前提，懂法是用法的基础。这是再浅显不过的道理。不知法不懂法，你守什么？怎么守？连哪些行为合乎法规、哪些行为触犯了法律都不明白，何谈什么守法甚至用法？所以，知法、懂法才是守法、用法的前提。

古话说“不知者不为罪”，但对于现代法律而言，这句话绝对不适用。法律绝不会因为你“不知”、“不懂”甚至是法盲就忽略你的违法行为，就放过你，不作惩处，那是不可能的。不管是谁，不管你知或不知，懂或不懂，一旦触犯法律，就必然会受到法律的惩罚。

职工刘某爱炒股，但他却没有想到，自己只是买股票和卖股票竟然也会违法，而自己竟然完全不懂，居然是个法盲。

刘某是一名证券市场中普通的个人投资者，多年的摸爬滚打，使他积累了一定的经验。根据自己的研究分析，他买入了阳光发展股票。但2007年5月30日一场突如其来的股市大跌，使得他所持有的阳光发展股票步入了下跌通道。此后连续多日的大幅下跌让他损失惨重，为了弥补损失，尽量摊低成本，不得已采取了追加买进该股票的措施。

于是从2007年5月起，托管在某证券营业部的刘某和妻子的账户开始大量买入阳光发展的股票。到2007年6月7日时，他们两人的账户合计持股比例首次超过5%，达到了5.47%。6月7日至6月19日期间及6月25日，两个账户合计持股比例最高达到5.62%。

但是，刘某和他妻子并未意识到自己的持股已经超过了一定的比例，应当向证券相关机构作出书面报告，并通知阳光发展予以公告。直到证券所通知他，他才知道自己犯了法。为了对自己的行为进行补救，主动锁仓，不再对该股票进行操作。但遗憾的是，根据法律规定，有效的纠正行为应该是补报申报程序，而并非主动锁仓。由于不知法不懂法，刘某又错过了一次补救的机会。

最终证监会根据《证券法》规定，决定对刘某给予警告，并处以三十万元的罚款。损失了三十万元的巨款，还受到警告处分，全都是因为自己不懂法所致，刘某后悔极了。把自己关在家里好好学习了一个月的法律。

因为不知法不懂法而犯法，说起来真冤，但是受到法律惩处却一点不冤——犯了法就必然会受惩罚，法律面前人人平等，不会因为你不知法不懂法就算了。知法懂法才能守法。如果不知法不懂法，守法用法必然就是一句空话。即便没有主观上的故意,即便因为不知法不懂法而触犯了法律,也一样会受到惩处。我国社会主义法制建设的总原则是“有法可依、有法必依、执法必严、违法必究”,法律面前人人平等,没有人可以置身法外,更没有人触犯法律后能逃脱法律的惩罚。

我国的普法工作从“一五”到“六五”,已经经过了30多年,法律知识的宣传和普及取得了不小的成绩。但是不知法不懂法甚至“法盲”依然大有人在。还有很多人没把法律作为日常行为的第一准则,而把人情、道德或是其他的一些标准用来代替法律,这实在是很可悲的。就像内蒙古司机李俊杰因醉驾被查获后,与他同行的朋友第一反应就是一直向交警求情:“就这么点事,让他认个错您就把他放了吧。”在他们眼里,犯罪行为不过就是“小事一桩”,交警依法执法反倒是“小题大做”了,求个情、打个招呼就能够解决。这样的行为,显然不是法治社会的应有之景。在法治社会里,广大职工要通过学法、知法、懂法,从而做到用法、守法,依法维护自身权益。这是我们开展职工素质建设工程的重要内容,也是不断提高职工法律素质的内在要求。

所以,每一个职工都要认真学习法律知识,掌握基本法律常识,要学好《宪法》,掌握基本的如《劳动法》、《工会法》、《劳动合同法》、《就业促进法》、《劳动争议调解仲裁法》、《刑法》、《物权法》、《安全生产法》、《职业病防治法》、《工伤保险条例》、《女职工劳动保护规定》等。还可以根据工作岗位的性质,开展岗位学法,如财会人员学习《会计法》、《税法》,质检人员学习《产品质量法》,市场营销人员学习《合同法》,安全保卫人员学习《消防法》、《安全法》等。

总之,要学法才能知法,知法才能守法,懂法才能用法,才能明白什么行为是守法,什么行为是违法,才能明确自身的法律权利和义务,避免因不知法而犯法,懂得法律武器保护自己的正当权益,做一个遵纪守法的新时代的职工。

2

## 提高自己的法治观念，严格依法办事

所谓法治观念，是指人们对法律的性质、地位、作用等问题的认识和看法。也就是依靠法律管理国家、管理经济和治理社会的观念。法治观念的实质是指法律至上、以法治国的理念、意识与精神。

对于职工而言，法治观念是指以人们的法律观、法制观为基础的一系列法律观念，它是人们在参与有关法律的社会实践过程中自身认识发展的内化与积淀，是将自己的经验和法律知识加以组合的结果。简单地说，就是遵守法律的意识，不管做什么事情都以法律为准绳的观念。

观念指导行为，法治观念是我们日常法律行为的指导。如果一个人法制观念很强，那么不管他做什么事情，他都会考虑到法律的约束，从而规范自己的行为，使自己不越规不逾矩，坚守在法律安全线以内。如果一个人法治观念淡薄，则会只以自己的意志行事，以情感办事，以情绪处事，那么，他就会必然会触犯法律，并受到法律的惩罚。比如不久前发生的大闹机场被刑拘的事件就是一起典型的法律意识淡薄的案例：

2012 年 4 月 25 日，暴雨天气导致白云机场航班大面积延误，有旅客极端维权，扰乱了机场秩序，白云机场公安局依法处罚了四名旅客，其中三人被处以行政拘留 10 日，另一名旅客被处以 200 元罚款。

当天，广州至厦门 FM9348 航班旅客余某为向航空公司索赔，鼓动其他旅客堵塞登机口，阻拦其他正常航班旅客登机，民警在劝告无效后将余某强制带离，依法对其处以行政拘留 10 日。

此外，广州至南昌 MU5256 航班的部分旅客试图不经安检直接从安检口应急通道（此门只安排旅客出隔离区，旅客进入隔离区需走正常安检通道)进入隔离区,在冲闯中损坏通道玻璃门,民警依法强制带离带头冲闯闹事的旅客张某和熊某以及阻拦民警正常执法的旅客刘某。经调查取证,公安部门依法对违法情节恶劣的旅客张某依法处以行政拘留10日;对刘某处以行政拘留10日,并罚款200元;对认错态度较好、情节较轻的旅客熊某处以罚款200元。

近几年旅客与航空公司的纠纷时有发生,这与部分职工法治意识淡薄有关。航空管制、天气等原因导致航班延误的情况应当说是正常的,因为飞机安全起飞涉及很多因素,必须以保证安全为前提,延误和安全相比,肯定是安全更重要一些。所以,遇到这种情况应考虑周全,增强法治观念,冷静对待、保持克制、通过合法手段维护自己的权益。不能一时冲动作出冲击安检现场、堵塞安检通道、冲击登机口、强占航空器、谩骂殴打工作人员、打砸哄抢公共财物等扰乱机场治安秩序的违法行为。这些行为必然为自己招来麻烦,是得不偿失的。

不仅仅是飞机延误耽误了我们这样的事情,不论我们做什么事情,也都要把法律放在最前面,依法办事才行。法治属于政治文明范畴,以其刚性规范和权威性约束人的行为,其核心内容和实质要求是依法办事。不管办什么事情,不论是私事还是公事,大事还是小事,都要尊重并遵守宪法和法律,提高自己的法律意识,在宪法和法律允许的范围内进行,才能真正把事情办好。哪怕是理在自己一方,哪怕是为自己伸张正义,维护权益,都要谨记这一点,才能真正以正当的手段维护自己的合法权益,不至于陷入“维权不成反违法”的境地。

2009年10月29日起,某公司员工于先生未请假连续旷工超过15天,11月20日公司按自动离职处理。同年11月30日起,于先生在天涯社区先后发表《2009年末深圳,与黑厂斗法》、《深圳寻找劳资纠纷律师给我打官司》等帖子,想要回自己的工资。

2010年,公司将于先生诉至法院,状告他侵犯公司的名誉。要求立即停止侵害,并在报纸上刊登启事为公司恢复名誉、消除影响、赔礼道歉,并赔偿5万元损失和2400元公证费用。

深圳中院审理认为,于先生在网络论坛上发表文章寻求帮

助，是行使法律赋予的言论自由的权利。但他行使该项权利应遵守法律规定，不得损害国家、集体和他人的合法权益，否则应承担相应的法律责任。该院作出终审判决，于先生应将其在网络论坛上发表的写有贬损性文字内容的文章删除，并在网络论坛相同位置刊登向某公司致歉的声明，赔偿公司损失 2400 元，驳回公司的其他诉讼请求。

法律法规是每个公民必须遵守的行为准则，无论是谁，无论是因为什么，其行为都不能游离于法律法规之外，更不能与之相抵触。大量的事实表明，离开了法制的轨道，用不理性、甚至是违法的方式反映自己的利益诉求，就有可能反倒触犯了法律，得不偿失。在现实生活中，如果我们都依法办事，不但权益会得到充分保障，麻烦也会少得多。所以一定要坚持依法办事，正确处理局部利益与整体利益、眼前利益与长远利益、个人利益与国家利益的关系，决不能把个人利益凌驾于国家利益、整体利益、组织利益或是别人的利益之上，也不能得理不饶人，仗着自己有理就得寸进尺，为所欲为，那肯定是不行的。不论是干工作，还是维护权利，甚至日常生活小事，都要做到不合法的事情坚决不为，违反法律法规的行为坚决制止。要按照法律规定，通过合理合法的手段，表达自身合理的诉求和愿望，在实现自身利益的过程中要自觉维护好他人和公共的利益，做到一切行为合乎法、止于理，有理有节，冷静理智，依法办事，公道办事，才能真正把事情办好。也才能真正体现我们的素质，展示现代职工的风采。

## 3 谨守契约精神，遵行劳动合同

契约精神是建立在契约关系基础上，人们所表现出来的对契约关系的遵守、维护和捍卫的精神。契约精神是一种平等、尚法、守信并且为社会公认的行为规则,是一种代表了人类文明和进步的精神。

契约就是由有利益或是其他相关关系的各方订立的、需要订立各方都绝对遵守的一种约定。订立各方之间的关系就是契约关系。契约关系的核心就是缔结契约的各方之间权利、义务、责任的平衡与互动。契约关系的确立就意味着契约主体必须为自己的选择负责,必须为自己的选择承担相应的责任。契约不仅强调自由意志,更强调契约主体的责任,强调契约本身对于各方的约束作用。契约本身就是一个承诺,是对未来关系的一种约定。因此,契约是人类社会行为的一种理性选择,契约的履行需要缔结契约的各方恪守信用。没有契约,就没有信用;没有信用,就没有和谐。

美国多米诺皮公司是经营粮食加工的,他们与客户有一个约定:“必须保证在30分钟之内,将客户的订货送到任何规定的地点。”正是这一约定,使他们在激烈的竞争中立稳了脚跟,不论任何时候,都保证公司分散在各地的商店和代销点不会中断货物的供应。总裁唐·弗尔塞克更是制定了一条严格规定:不管什么情况下都必须保证订货送到客户手中。

有一次,一辆长途货车半路发生故障,眼看有一家商店就要中断生面团的供应。公司总裁弗尔塞克得知这一情况后,立即决定包下一架飞机,把生面团及时送到那家商店。包一架飞机把几百公斤生面团送去,飞机的运费大大超过了面团的价值,这明显是一桩赔本的买卖。不少人对此极不理解。

但弗尔塞克说:“我们与客户有约在先,既然已经约定的,就必须做到。赔偿高额的运输费,也不可中断供销店的供货,飞机给我们送去的不是几百公斤生面团,而是多米诺皮公司的信誉,是我们对契约的信守!”

经此一事,多米诺皮公司的生意更好了。

在现代社会中,只要是涉及人与人的交往就需要契约,需要履行契约责任,贯彻契约精神。契约可以是法律意义上的合同和约定,也可以是人们公认的道德上的准则和规范。因此,在和谐社会,一个没有契约精神的人是不可能获得别人和团队的认可与尊重的,更不会成为企业最器重的

人；一个没有契约精神的企业，是不可能赢得员工和客户的认可与尊重的，更无法获得顺利的发展。

契约精神被公认为最能反映自由、公平和效率的时代特点，可以最大限度地满足人们追求诚信、自主和公正的愿望，维护契约双方的基本利益。这种精神也反映在契约关系的建立时。契约关系的建立需要以平等、公正为原则，以获得和谐、和平的局面为宗旨；需要订立契约的各方持有宽容和妥协的态度，在确立了彼此的义务和责任的情况下，以不违背道德和法律的底线为基础，享有契约约定的权力和利益。当人们约定的一个契约实现后，人们就会在平等、公正的基础上建立一个新的契约。同时，也只有人们一致认同契约规则，并且履行规则规定的义务和责任，才可以享受契约约定的权益。

契约精神的本质和核心就是诚信，就是说到做到，就是言出行，行必果，就是一诺千金，就是怎么签订的契约，就一定要按照契约来执行，任何时候都认真执行，绝不反悔、绝不打折、绝不毁约！

对于职工而言，劳动合同就是我们和企业签订的最基本的契约。劳动合同是一份具有约束力的法律文本，在合同中规定了职工的劳动报酬、劳动时间、劳动条件、福利待遇等，同时也规定了职工所要完成的工作指标、具体任务、完成标准以及必须遵守的劳动纪律、规章制度等，明确了劳动关系主体双方的权利和义务。

劳动合同就是一份契约，一旦我们签订，对于企业，对于职工，就都有义务没有任何理由地执行它，遵守它，维护它，捍卫它。这就是契约精神。

某企业职工刘某与企业签订了为期六年的劳动合同。在合同执行了四年半的时候，企业出资 9000 元送刘某进行业务培训，双方签订了培训协议作为劳动合同的附件。其中规定：刘某结业后在企业服务的年限不得少于三年，原劳动合同的期限也随之延长；若结业三年内刘某要求解除劳动合同，应承担相应的赔偿责任。

刘某结业后，在企业工作了一年就提出要求解除劳动合同，企业没有同意。后来刘某多次与企业交涉，企业最终同意解除劳动合同，但提出要刘某赔偿企业为其支付的 9000 元培训费后方能办理有关手续。刘某认为企业提出的赔偿数额过高，而且双方协商解除劳动合同，企业还应付给他经济补偿金。

双方为此提请仲裁委员会仲裁。仲裁委员会最终裁定：

首先对刘某提出的要企业支付经济补偿金的要求不予支持。《劳动法》第24条规定："经劳动合同当事人协商一致，劳动合同可以解除。"在双方协商一致解除劳动合同的情况下，必须是由用人单位提出解除要求的，劳动者才能得到经济补偿金。

其次，劳动者违反培训协议应承担相应的赔偿责任。《劳动法》第102条规定："劳动者违反本法规定的条件解除劳动合同或者违反劳动合同中约定的保密事项，对用人单位造成经济损失的，应当依法承担赔偿责任。"刘某与单位签订了服务年限协议后，在服务期限内提出解除劳动合同的做法违反了服务协议即劳动合同的约定，使企业为其支付的培训费未能完全发挥应有的作用，企业要求刘某退赔培训费用是理所当然的。

第三，因为双方约定的服务期限是三年，企业支付的培训费是9000元，将培训费按服务期限等分，劳动者每服务一年应递减3000元。刘某经培训结业后，在单位工作了一年，所以应当赔偿企业两年的培训费即6000元。

劳动合同是员工与用人单位确立劳动关系、明确双方权利和义务的协议。它约束的是企业和员工双方的行为，而不仅仅只是一方的行为。当一方的行为违背了劳动合同规定，另一方有追究对方责任的权利。

签订劳动合同时，我们必须按照双方平等、互利、自由和公平的原则来签订，但是一旦签订之后，我们就有义务也有责任按照合同的规定，认真履行我们的义务，负起我们的责任，享受我们的权益，而不是随心所欲，想怎么干就怎么干。这才是真正的契约精神的表现，这也才真正有利于兼顾企业和职工双方的利益，有利于建立和谐的劳动关系。

需要职工注意的是，签订劳动合同时，双方约定涉及责、权、利的，如工资、奖金、提成、福利等，一定要完全、一致地写在劳动合同里；把所有的能考虑到的问题尽量细致地考虑进去，对职责、薪酬、岗位任务及考核标准等，一定要尽量细化，越详细越有利于执行；对于其他的涉及的比较重要事项，如解除合同、解约补偿、工伤赔偿等，更需要详细规定，以免将来的纠纷。

但不管合同怎么签订，如何详细或是如何宽松、苛刻，一旦双方认可，签订，就应当严格遵照执行，才有利于双方的互信和共赢。如果缺乏契约精神，只签订合同，而不想着认真执行，即便最终走上法律程序，吃亏的还是没有契约精神的一方，没有认真履行合同的一方。

4

## 强化规则意识，构建和谐劳动关系

规则意识，是指是发自内心的、以规则为自己行动准绳的意识。比如说遵守法律、遵守社会公德、遵守契约、遵守一切公约等的意识。

规则意识是现代社会每个公民都必备的一种意识。首先需我们明白规则，比如不偷不盗、爱国守法、明礼诚信、团结友善、勤俭自强、敬业奉献、爱护环境、讲究卫生、遵守学校纪律、尊敬师长，等等，这些都是我们应当遵守的规则。

其次是养成遵守规则的习惯，特别是在没有强制性力量阻止一个人违反规则的时候，也要自觉遵守。比如车子未加锁，周围又没人，怎么办？是顺手牵羊，还是帮其看管？古人说得好：君子慎独。君子在独自一人的时候是很慎重的，因为没有人监督你，人性中的不好的一面就会跳出来，千方百计地诱惑你。如果没有遵守规则的愿望和习惯，在四周无人的情况下，顺手牵羊不是没可能的。而在一念之间，你可能就铸成大错，后悔莫及。

再次要把遵守规则作为自己的人生信条甚至是自我内心的需要。达到这种境界，遵循规则就会成为人的第二天性，规则意识成为人的内在素质。从规范向素质的转变，对于个人来说，意味着规则不再仅仅是一种外在强制，而是自我的需求。按孔子的话来说，这就是“从心所欲不逾矩”。

大家可能觉得这种要求太高,因为能达到这种境界的是孔圣人。其实不然。在国外,几乎人人都能做到这一点。

中国入世首席谈判代表龙永图曾经讲过这么一件事:“我有个中国同事在联合国任职,他的孩子从小在瑞士长大。有一次大家在日内瓦湖上划船,我们代表团有个成员喝完可乐以后,顺手就把可乐瓶扔到湖里了,这在国内司空见惯。可是这个在瑞士长大的小孩当时脸色都白了,告诉了他的母亲,好像扔可乐瓶的人犯了很大的罪恶似的。”

规则意识和我们前面讲过的契约精神、法治意识,在本质上都是一样的,都是对公共规则、秩序和利益的维护。没有规则,不遵守规则,那么世界就会乱套,这对于谁,都没有好处。所以不论是谁,不论在任何场合,有规则就一定要按照规则来,绝不可随意更改或是不遵循规则,任何人都不行,哪怕是总统!

2009 年 1 月 20 日,巴拉克·奥巴马在美国最高法院首席法官约翰·罗伯茨领誓下就职。美国《宪法》规定这一誓词共 35 个单词,内容包括“我将忠实地履行美国总统职务”。

但是,罗伯茨在领誓的过程搞混了誓词中一个单词的顺序,将“忠实地”放在了句尾。当意识到错误后,他重复这句誓词并调整“忠实地”在句中的顺序。但他再次出现口误,将这一单词放在了“履行”之后。奥巴马明显意识到罗伯茨的口误,但却照本宣科,重复罗伯茨第一次领誓的誓词。

但这样的错误显然是不被允许的。第二天,奥巴马在白宫重新宣读誓词。

在美国历史上,奥巴马不是第一个因为口误而重新宣誓的总统。1881 年就职的切斯特·阿瑟和 1923 年就职的卡尔文·柯立芝都是因为口误进行了第二次宣誓。

也许口误并不影响总统们行使职权,但是那毕竟是与美国宪法明文规定的誓词有所出入,这样宣誓就违反了规则,当然不能任其如此,必须按照规则再来一次。任何人都必须坚守规则,总统也不例外。这就是规则意识。

只有遵守规则,每一个人都养成一种很强的规则意识,让依照规则办

事成为一种习惯，成为一种风气，才能真正让这个世界拥有规则，让社会会变得美好和谐。规则意识对于我们建立和谐的劳动关系，促进企业和职工之间的和谐，无疑都是相当重要的作用。

和谐劳动关系是指劳动关系双方一种和谐融洽的良好状态。通俗地说，也就是企业满意，员工满意；企业发展，员工进步；企业和员工互信共赢，风雨同舟，关系稳定，发展和谐；有问题或矛盾协商解决，及时化解，不存在企业与职工的对立式纠纷，企业和职工都能得到很好的发展。这样的劳动关系，就是和谐的劳动关系，这样的企业，也就是和谐劳动关系企业。

如何才能建立起和谐的劳动关系呢？规则意识无疑是化解矛盾、遵守合同约定、一切按章执行的前提和保障。只有企业和员工都有强烈的规则意识，一切都按照规则来办，一切按照合同执行，必然争议少了，矛盾小了，关系自然就和谐了。

对于企业而言，要树立强烈的规则意识。规则意识就是法律意识，就是合同意识，就是契约精神，就是严格按照合同办事的意识。企业要按照国家的规定与职工共同协商并建立健全合理的劳动规章制度，包括招工制度、用工制度、操作制度、纪律制度、薪酬制度、保险制度、工时制度、休假制度、福利制度、培训制度、安全制度、晋升制度、参加管理制度、退职制度、补偿制度、争议处理制度，等等。保障职工享有劳动权利和履行劳动义务。

不论企业发展如何，不论时局变化如何，企业都要遵守规则，遵守合同，必须严格按照劳动合同的约定，对职工的福利、薪酬、休假休息、工作考核等都要依合同全面做好，要让每一个职工都能分享企业发展的成果，实行按贡献为主的分配制度，尊重知识、尊重人才、尊重劳动，要让每一个职工都尊严工作体面生活，关心职工，爱护职工，使职工感受到企业的温暖。绝不能因为任何原因拖欠职工的工资，降低职工待遇，甚至克扣职工的薪酬。当企业与职工发生矛盾或是纠纷时，也能积极主动地解决。企业做到这些，就具备了促进劳动关系和谐的条件。

对于职工而言，谨守规则，严格按照合同履行自己的职责和义务，任何时候都坚持在法律的限定范围内维护自己的权益，开展自己的工作，尊重法律，尊重合同，谨守劳动合同的约定，一切按劳动合同办事，使自己的工作达到劳动合同的要求，维护自己的权益也不超出合同范围之外，就具备了促进劳动和谐的基本素质。

企业和职工都能具备严格的规则意识，严格按照规则办事，互相尊重，互信互商，构建和谐的劳动关系也就理所当然。

## 5 善于运用法律武器，维护自己的正当权益

学法是为了知法，知法是为了懂法，懂法是为了守法、用法。提高自己的法治观念，丰富自己的法律知识，才能真正拿起法律的武器，依法维护自己的正当权益。如果不懂法不知法，不会运用法律的武器，来理智地维护自己的合法权益，就会适得其反，不仅自己的权益得不到真正的维护，还很有可能会损害别人的权益，甚至触犯法律。

北京某银行的老安保员尹某在银行工作了 30 多年，几年前患上脑血栓后，尹某准备办理内退在家调养身体。

但是银行给的退休金，尹某认为按照劳动法和银行的实际情况，少了自己好多。尹某多次和银行交涉，但银行以规定为由，并没有满足他的要求。他觉得特没面子，认为领导有意刁难他，遂和领导结下私怨。

那天，尹某在家就是想不通自己为单位卖命这么多年，为什么退休金都没有别人的多？认定被单位领导欺负了，于是冲进行长办公室用裁纸刀将行长脖子划伤，然后举刀自伤。后来单位同事报了警，尹某因故意伤害罪被拘留。

还有一位农民工，在贵阳打工已有两三年时间。包工头欠他 3 万多元工资后，就“失踪”了。他因为找不到人，却又不知道

运用法律武器来维护自己的权益。有天下午2点,他跑到贵阳市贵开路口高架桥上想跳桥。警方接到报案,在桥下拉起警戒线,桥下站满了围观的市民。消防战士去桥上救他,他拒绝消防员靠近,还一边大喊,“我要见包工头”。围观的人群也越来越多,一度导致堵塞交通。后来,现场工作人员叫来了建筑公司的工作人员,并承诺立时就给付他的工资。他才自己下桥来。

但是,由于扰乱治安,农民工被处以拘留7日的处罚。

这几年,类似的故事在全国各地屡有发生,持刀维权、跳楼讨薪、报复伤人的事司空见惯。但是最终能够圆满解决,还是只有通过法律途径。所以,当遇到自己的合法权益受到侵害时,职工一定要保持冷静和理智,学会运用法律的武器,维护自己的权益,而不是任由自己胡来,不仅不能维权,还会给自己惹来一身的麻烦,得不偿失。

有很多职工遭遇合法权益受到侵害时,总有一种多一事不如少一事的心理,只想着自己私下去解决,没想过要拿起法律的武器。这除了对法律的不了解和不信任外,也是自己对法律不了解、不会依靠法律的力量、不会运用法律的武器维护自己的权益的一个表现。

其实职工首先应当明白,法律保护每一个公民的正当利益,也只有法律能有效地保护每一个人的合法的权益。一旦我们的权益受到损害,首先就要想到利用法律来捍卫自己的权益。作为企业职工,劳动权益以《劳动法》和《劳动合同法》为依据。在这两法中,对职工的薪酬、福利、保险、工作时间、休假等等都有明确的规定,这些规定就是职工提出诉求的依据。如果对法律条文不清楚或不能领会通透,不妨多咨询律师,他们会给你满意的建议。

一般的劳资纠纷可以向劳动仲裁委员会申请仲裁,拖欠或克扣工资行为可以请律师向法院起诉维护自己的合法权益,也可以向工会求助,通过工会用法律武器维护自己的利益。工会是为维护职工的合法权益而生的,为职工维权是工会的法定职责,而且工会是职工的“娘家人”,肯定会为职工说话,帮助职工维护合法的权益。

依法维权就一定要依照法律条文进行仔细分析,明确自己的权益受到了哪些侵害,自己要维护哪些权益,并将这些整理成书面材料,以便受理部门逐条解释、答复。维权的时候要做到有理有节,遵守交通规则、遵守机关秩序，尊重对方，宽容体谅。在交涉过程中，一定要以职工代表为主发言，闹哄哄的七嘴八舌只能干扰正常的诉求。

依法维权要相信政府，相信调解，相信仲裁，更要相信法院。相信他们会为职工伸张正义，维护职工的合法权益。不能总是持一种怀疑的态度来抵触调解、仲裁或是判决，没有确定的证据更不能随意指责别人偏袒。合理合法的调解和判决是需要我们积极服从的，不能无理取闹。

依法维权就一定要做到有法可依，依法行事。不维超出法律保护的权，也不超出法律界限维权。在维权的过程中，一切言行以《宪法》、《刑法》、《民法》为准绳，按《劳动法》和《劳动合同法》的规定照章行事，始终做到有礼有节，合理合法，不能有丝毫的辱骂、撕打、冲击政府或办事机构，影响执法等等言行，还要防止对方言辞相激，一定要有唾面自干不动声色的雅量，理智面对谈判过程中的过激语言。更不能采取持刀伤人、自杀威胁或是报复别人的极端行为。维权是给自己争取合法权益的，不能因为维权这个行为伤害自己的身体，危害自己的自由，那都是与我们的维权初衷背道而驰的，不可取的行为。

法律是规范社会一切行为的准则，法律是一切事务最终决断和处理的最好方法。法律面前人人平等，法律会保护每一个公民的合法权益。所以，不管我们遇到多大的困难，受了多大的委屈，都可以诉诸于法律，拿起法律的武器，运用法律的力量，维护我们的合法权益。

## 6 提高民主参与意识，履行民主权利参与企业民主管理

企业民主管理制度是指企事业单位职工，依照法律法规和政策规定，

参与企事业单位决策、管理和监督，企事业单位的经营管理者尊重、支持和保证职工民主权利行使及落实的有组织的制度性、规范性活动。企业职工依照法律规定，以主人的身份，通过职工代表大会、厂务公开、职工董事、监事制度或其他形式，对企业经济生活、政治生活、社会生活、文化生活以及其他事务实行民主决策、民主参与、民主监督的管理制度和管理方式。

我国职工民主管理的形式虽然多种多样，但主要是四种制度，即职工代表大会制度、厂务公开制度、平等协商和签订集体合同制度。通过这四种基本的形式，请职工参与，使职工知情，让职工监督，促进企业的民主管理得以进行和职工的民主权利得以实施。

职工代表大会是企业民主管理的基本形式，落实职工代表大会的各项职权，以保证职工代表依法行使民主选举、民主决策、民主管理和民主监督的权力。企业重大决策要及时向职工代表通报，企业重要措施出台前必须提请职代会审议通过，也就是把企业经营中的大事交给了职工。

厂务公开是指涉及企业生产经营管理、职工切身利益、企业财务等重大事项，通过职工代表大会这一基本形式和其他形式，向职工公开。厂务公开突出公开重点，规范公开的形式。通过多渠道、全方位的公开，保证职工在涉及切身利益等方面的知情权、参与权和监督权，以公开求公平，以公开求公正，提高了工作透明度。

平等协商和集体合同制度是一项重要的劳动法律制度。由工会代表职工与用人单位就劳动报酬、工作时间、休息休假、劳动安全卫生、保险福利和涉及劳动关系的其他问题进行平等协商，签订集体合同，可以把国家劳动法规确定的各个单项的劳动标准、劳动条件和劳动者的其他合法权益，结合企业的实际情况具体化，并综合起来加以规范，从整体上实现对职工劳动权益的维护，形成维护职工合法权益的有效机制。

职工董事、职工监事是指由职代会或职工民主管理大会民主选举产生，依照法律程序进入董事会、监事会，代表职工行使决策和监督权利的职工代表。职工董事、职工监事制度的建立是建立现代企业制度的客观要求，是职工代表大会制度的延伸和发展，是公司制企业实行民主决策、民主管理和民主监督的必要途径。

职工是企业的基石，是企业的主体，更是推动企业发展的主力军。广大职工积极参与到企业的民主管理中去，当家做主，为企业出谋划策，当然会极大地提高企业效率，增强企业竞争力，促进企业的发展，同时也大大提振职工对企业的信心，激发职工的主人翁意识，也促进职工个人的发展。

浙江传化集团是一个非公有制企业，有职工1800多名。1995年以来，建立了以职工代表大会为基本形式的各项民主管理制度。10年来，坚持每年召开职工代表大会，听取和审议集团董事长关于企业经营情况的工作报告、企业发展战略、技改项目方案等；审议决定涉及职工切身利益的重大事项和重要的规章制度。如接续和增加医疗保险、养老保险、住房公积金，建立困难帮扶基金、企业薪酬激励等制度；推荐劳动模范、民主评议管理人员等。该企业通过职工代表大会以及厂务公开等形式开展民主管理，有效地保障了职工的民主权利，构建了和谐的劳动关系，增强了企业的凝聚力和向心力。

中国电网公司也大力推进企业，中国电网公司连续召开了六次年度职代会和一次落实科学发展观专题职代会，坚持企业重大问题和涉及职工切身利益的重要事项经职代会审议通过，共审议通过了公司"十一五"和"十二五"发展规划等49项决议，调动了广大职工参政议政的积极性和主动性。积极开展提案征集处理工作，共征集提案952件，立案140项，办理率达100%。

职工民主管理工作有效地促进了公司科学发展，取得了显著成效。五年来，我们打造了一个新型的国家电网。电网规模整体上翻了一番，特高压交直流示范工程相继建成投运，在世界电网科技领域实现了"中国创造"和"中国引领"。塑造了一个崭新的国家电网公司，公司资产总额达到2.12万亿元，增长81.2%；公司业绩考核连续六年两个任期获得A级，世界企业500强排名由2005年的第40位上升至2010年的第8位。"十一五"期间，国家电网公司面貌发生了深刻变化，走出了一条具有中国特色的电网企业创新发展道路。广大职工也得到了较好的发展，走出了一大批"岗位技术能手"、"技术标兵"、"金牌工人"、"全国劳模"优秀职工。

开展民主管理，使职工全面参与企业的决策和管理之中去，不论是对企业的发展、职工的进步，都有百利而无一害。所以，不论是企业，还是职工，都应当积极推进民主管理的进行。

通过民主管理，企业重大事项要及时让职工知情，生产经营管理让职工参与，权力行使接受职工监督，让职工有意识参与到企业的生产经营管理中去，可以极大地调动职工生产积极性，增强职工的主人翁意识；在职工关心的焦点、热点问题上下工夫，公开职工关心的重大工程招标、重要物资采购、大额度资金使用、业务招待费支出等热点问题，使广大职工及时把握公司财务经营收支状况，使公司财务状况进一步公开化、透明化，会增加职工对公司的信任感，也使职工与公司更加贴心；职工积极为企业出谋划策、献计献策，使企业能吸纳更多的职工智慧，促进企业管理效率和生产效率的全面提升，从而增加企业的竞争力，促进企业的发展。

职工积极参与企业的民主管理，不仅使自己的民主权利得以实现，还可以极大地激发职工"主人翁"意识的生成，职工可以通过积极参与企业的民主管理，参与企业重大事项的决策，提升自己的主人翁地位，真正当家做主人，使职工和企业形成一种互信共赢、共同发展的良好关系，从而使职工对企业的感情更深，职工才能主动关注企业的发展，甘心为企业作贡献，心往一处想，劲往一处使，在企业的发展中促进自己的发展，在企业的成功中收获自己的成功。

所以，对于职工而言，更应当积极参与到企业的民主管理中去，切实提高自己的民主参与意识，放弃那些"企业发展与我无关"、"一切都是老板说了算，我是职工当不了家"、"职工与企业就是雇佣关系，发给我工资就行了，别的我不管"、"民主管理不过是走过场，不过是虚架子而已"、"言多必失，说多了会受到报复"……诸如此类的想法和观念。改善民主参与意识淡薄的现状，充分认识到积极参与企业决策和管理、行使自己的民主权利、履行自己的民主义务对于企业和对于自己的巨大意义，强化自己的民主参与意识，积极主动地参与到企业的民主管理中去，发挥自己的聪明才智，积极为企业的发展出谋划策、为自己的将来献计献策，为广大职工的利益呐喊争取，才能真正促进企业的发展，也促进自己和所有职工的发展。要用科学发展的思想去认识企业发展和自身发展的问题，把企业发展与个人命运紧密联系在一起，处理好长远利益与眼前利益、企业利益与个人利益的矛盾，提高认识，转变观念，积极参与企业民主管理，激发自己爱企业、做贡献的主人翁责任感，贡献自己的智慧和力量，为企业和谐发展建功立业。

## 7 树立主人翁意识，对企业有高度的责任感和使命感

主人翁意识是广大职工发挥社会主义建设积极性、主动性和创造性的前提条件。主人翁意识是社会主义现代化建设的精神动力，它对于提高工作效率，保证工作质量，促进物质生产和各项工作都具有十分突出的作用。

新中国成立50多年来，以“爱厂如家”的孟泰、“铁人”王进喜、“新时代愚公”李双良、“当代产业个人的杰出代表”许振超为代表的一代又一代模范职工，以自己强烈的主人翁意识、饱满的工作热情和忘我的辛勤劳动，创造了巨大的物质财富和精神财富，谱写了可歌可泣的动人篇章。

在他们身上首先体现出的就是一种“当家做主、爱岗敬业、无私奉献、开拓创新”的主人翁精神。这种精神一代又一代延续和传承，激励着一代又一代的企业职工，并不断地发扬光大。一代又一代的职工，以高度的责任感和使命感，在平凡的岗位上为企业、为社会作出了卓越的贡献。

1964年，18岁的崔仕宏从电车技校毕业来到电车公司，当上了105路首班车售票员。几年后，他调到了13路无轨电车售票，也就是现在的113路电车。每天在相对固定的小空间里从事单一枯燥的售票、报站工作，在车里服务于各种各样人之间，

多年如一日，难免会出现烦躁情绪或与人之间的摩擦。但他却是113路车队出名的“乐和人”。老崔自己说，和气点，礼貌点，耐心点，什么事都好解决。同事们都说，老崔心态特别好，遇事不着急。

42年，近11000个工作日，每天凌晨3点多起床；工作中乘车行程近100万公里，等于绕地球赤道25圈；售出330多万张纸票。没受到过一次投诉，没请过一天病事假，没有一天迟到。“报站及时、声音洪亮、扶老携幼、服务周到”，讲到如何做好售票员的服务工作，老崔总是这几句话，最多加一句“对乘客就像对亲人一样，自己的父母乘车也想着别人能照顾一下”。这就是北京公交系统工龄最长的售票员崔仕宏42年工作过程的真实写照。

崔仕宏是北京最“老”资格的售票员之一，如今他退休了。谈起这42年的工作，他说：“售票是我的工作，把这个工作干好，就是我的责任，让乘客满意，就是我的使命。”

是的，当一个职工把自己的工作当成自己的责任和使命时，还有什么工作干不好呢？

对企业的责任感和使命感，既是职工民主参与企业管理的主人翁意识的高度觉醒，也是一个员工对企业忠诚、对工作敬业、对自己负责的具体体现。

一个人的责任感决定了他在企业中的位置。一个人不管从事什么样的工作，平凡的也好，令人羡慕的也好，都应该尽职尽责，在负责的基础上求得不断地进步。一个具有高度的责任任感和使命感的职工，不管在什么时候，都会为工作着想，为企业着想，任何时候也不会忘记自己的职责和使命，不会忘记自己就是企业的主人，因而不管在任何岗位，都能把工作做得尽职尽责，做到尽善尽美。

陈丽丽是燕京啤酒的一名质检组组长。一天，她在生产车间巡视时注意到有一台机器的运转速度不稳定，而操作工小郭仍然在生产操作。经验和直觉告诉她，这台机器的转轴内芯有可能出现了较严重的磨损，必须停机检修，否则，生产出的产品很有可能出现质量问题。

于是，陈丽丽马上安排这台机器的工人准备停机检修，但操作工小郭却说："陈姐，不能停啊，这批货特别急，那边已经催了好几次，上面下命令明天必须交货，否则会扣奖金的。""再说了，这台机器以前也出过这个毛病，也没出现什么问题啊。"

陈丽丽听了这话，耐心地对操作员说："小郭啊，这台机器必须检修。如果因为机器缘故造成质量问题，你知道那样的影响会有多坏吗？咱们的啤酒消费者如果喝着味道有问题，肯定不会再买了，我们与经销商之间的合作也会受到很大影响。到那时，也许不会再有'赶活'的任务，因为根本就没活干了，奖金就更不用提了。而且，我们生产的产品是要对消费者负责的，你说是不是？"

听了陈丽丽耐心的解释，操作员小郭才开始停机检修。一个可能给企业带来不利影响的隐患在陈丽丽满怀责任感的工作中解决了。

主人翁意识是高度的责任感和使命感的前提。一个把自己当成企业的主人的职工，不仅仅能完成他自己分内的工作，还会时时刻刻为企业着想。比如，他发现公司的员工工作效率比较低，或者他听到一些顾客对目前公司的抱怨，他会积极思考，为公司提供一些建议来改善。而有没有责任感的员工就不会发现这些问题，或者发现了也不会反馈到管理层，"那是领导者的事，我们瞎操什么心呀。说不定，费力不讨好呢。"其实，你的费力绝对不是不讨好的，因为企业的事就是你自己的事，每一个职工都与企业密不可分。只有企业发展了，我们才能发展，如果企业倒退，我们也难以前进，如果企业倒闭，我们也会失业。而且企业领导或是老板也绝不会忽略一个具有高度的责任感和使命感的员工，这样的职工也必然会受到企业的信任和青睐。

做企业的主人，首先要求我们每一个普通员工都能以主人翁态度关心企业的前途。假如我们把自己与企业集体的关系看做是简单的雇佣关系，一股脑儿地在企业集体面前为自己谋利图钱，而不是群策群力，想方设法使企业集体兴旺发达起来，那么，到头来"利"越想越小，钱越图越少，企业越来越失去生机和活力，止步不前甚至倒退倒闭，相信这对任何一个职工都不会是一个好消息。只有全心全意为企业着想，为企业谋利益，企

业壮大了，自己自然也会发展；企业利润多了，自己的利益自然也会水涨船高。

周永应聘到一家培训机构，这家公司一直处于亏损状态，公司包括老总只有三个人。周永想，我既然来到了这个公司，就要为公司服务，只要大家努力，就一定可以使公司从困境中解脱出来。这种强烈的责任感、归属感使他主动找到老总，两人通过商量，觉得首先应该改变经营方向。因为一个培训机构的生命力在于其不断创新的企业需求。他们决定从原先单一的即兴演讲培训课题上增加几个企业迫切需求的课题。结果新课题推出后，很受企业欢迎，公司也很快扭转了亏损局面。现在已发展成了 30 多人的知名培训机构，而周永也成为了这 30 多人的领导。

付出总有回报，即使自己是一名普通的员工，也应该把企业的事当成自己的事来做，要知道大家同在一条船上，企业的生死存亡与每个人的利益息息相关。只有把企业的事当做自己的事来做，才能做到事必躬亲、兢兢业业，才能对企业真正负起责任来。

所以，每一个职工都应当增强自己的主人翁意识，树立高度的责任感和使命感，充分认识到企业的事就是自己的事，企业的任何事情都与自己密切相关。不论是决策、管理、生产、经营还是安全，都需要自己去关心，去思考、去努力，去奋斗，去出谋划策，去献计献策，去解决问题，只有这样，企业才能在所有职工的共同努力下不断向前，职工自己也才能在努力中实现自己的价值，成就自己的人生。

## 第六章

# 提高健康安全素质，健康工作平安工作

健康安全素质直接关系到职工的健康和安全，不仅是广大职工的生命安全和身体健康的保证，也是企业安全生产的前提。健康安全素质建设是职工素质建设工程不可或缺的内容。

健康安全素质是人们健康安全意识、健康安全知识和健康安全技能的总和。也就是职工对于健康和安全的认识、知识、能力和技巧的掌握，以及对于生产和生活中健康和安全的防范和保护等。健康和安全是职工最基本的权益保障，也是职工最大、最重要的资本，因而每一个职工都应高度重视，切实提高自己的健康安全素质才行。

# 1 健康和安全是职工的第一资本

健康，是指一个人在身体、精神和社会等方面都处于良好的状态。传统的健康观是“无病即健康”，现代人的健康观是整体健康，世界卫生组织提出“健康不仅是躯体没有疾病，还要具备心理健康、社会适应良好和有道德”。因此，现代人的健康内容包括：躯体健康、心理健康、心灵健康、社会健康、智力健康、道德健康、环境健康等。

安全，是指不受威胁，没有危险、危害、损失。人类的整体与生存环境资源的和谐相处，互相不伤害，不存在危险和危害的隐患。是免除了不可接受的损害风险的状态。安全是在人类生产过程中，将系统的运行状态对人类的生命、财产、环境可能产生的损害控制在人类能接受水平以下的状态。

所谓健康和安全素质，就是职工所掌握的保持健康、维护安全的知识、所拥有的保护健康和安全的意识以及维护自我安全和健康的技巧和能力等。

俗话说，身体是革命的本钱。其实身体不仅仅是革命的本钱，更是我们做一切事情的本钱，成就一切事业的根基，是我们的实现理想和目标最最基础的底座，是我们享受生活和幸福最重要的前提。没有一个健全的身体，一切都会变成虚妄，化为泡影。可见健康和安全对我们有多么重要，没有健康和安全，什么都是空的，是虚的，是不可能的。健康和安全就是我们最大的资本，没有健康和安全，就没有一切。

这样的道理谁都能懂。试想一下，如果失去健康，我们势必要放下手中的一切，去和疾病作斗争，疾病会改变我们的生活，消磨我们的志气，让我们的理想成空，让我们的目标失去意义。即使已经取得了一些成绩，取得了一点成功，最终这些也会离你远去。

2010 年 10 月 27 日，上海俱乐部官方发布消息，上赛季在球队效力的小前锋谷奥克因健康原因退役。

上海男篮官网中写道：原上海男篮队员谷奥克因健康原因退役。谷奥克出生于 1988 年 12 月，身高 1 米 96，小前锋，是上海男篮很有潜力的年轻队员。俱乐部对于他的过早退役深表惋惜，并衷心祝愿他能够早日康复。

谷奥克是上海队锋线上的潜力新人，身体素质非常出色，拥有 90 公分的助跑弹跳。上赛季谷奥克就因为身体原因没有出战，在 08—09 赛季谷奥克场均在 10.3 分钟的时间内拿到 3.65 分和 0.7 个篮板球。

谷奥克也成为上海队继徐咏之后，第二位因为健康原因提前退役的年轻球员。徐泳因为罹患骨髓癌而退役。

如果这两位颇具天才的运动员原本已经是篮球场上闪耀的星星，如果不患病的话，今天他们一样还在篮球场上驰骋，还在为实现自己的梦想而努力拼搏，也许有一天，他们也会像姚明一样拥有令人惊羡的成功。但是，现在，因为病痛，因为失去了健康，他们不得不黯然地退出自己的舞台，抛弃自己的梦想，这种有梦想却不能去实现的痛苦，也许更令他们伤怀。

梅艳芳，是香港歌坛和影坛巨星，在华人社会和亚洲地区具有影响力。她保持着华语女歌手全球演唱会场次最高纪录，获得过两岸三地的影后荣誉，入选“中国电影百年百位优秀演员”。但是梅艳芳却因罹患子宫颈癌，以四十岁的芳龄就早早地离开人世，让许多人不胜唏嘘。

据了解其实医生也曾力劝梅艳芳做切除子宫手术，不过梅艳芳最大的心愿就是结婚生子，唯恐割除子宫导致不育，始终不肯接受医生开刀建议，结果造成病情恶化，于 2003 年，离开了我们。如花的容颜无情地凋谢，如日中天的事业也戛然而止，令人不胜唏嘘。

健康是生命的源泉,健康是事业的先决条件,是工作的原动力,更是梦想实现的基础和保障,不管你梦想和追求的是钱财、地位、快乐、名利或是其他的什么,都要以健康为前提才可能实现。没有健康,一切都是空的,虚的,难言的和痛苦的。有健康才有能力去实现梦想,有健康才能心情享受梦想实现的幸福,有健康才能让我们继续对梦想的追求,有健康才能让我们一路向目标进发,有健康才能使我们取得成功。

如果失去安全,那后果势必更加严重,我们的生命都会不保,我们的身体可能残缺,我们的一切都可能会失去,我们的家庭、幸福、成功、欢乐……一切都会因为失去了安全而瞬间消失!

一天,一对年轻的夫妻带着两岁的孩子,洋溢着幸福与欢笑坐着缆车观光美丽的景色,可是他们万万没有料到,缆车却突然出现了故障,吊车脱钩,急速下落,在这千钧一发之际父亲和母亲高高地举起了孩子,随着砰的一声巨响,孩子得救了,而父母却永远地离开了他……一个幸福的家庭瞬间破碎,只留下老父老母悲怆的哭泣,只留下两岁孩子破碎的童年,只留下无尽的悲伤、无边的伤痛、无尽的思念……

谁不懂得生命的珍贵,谁没有幸福的家庭,谁不希望亲人健康快乐?如果说幸福是一个圆,那安全就是这个圆的半径,半径越小圆就越小,没有了半径也就没有了圆;如果说幸福是一首美妙的乐曲,那安全就是这首乐曲中的音符,音符不全就会走调,没有了音符乐曲也就荡然无存。是安全构筑了我们美好的家园,安全是父母对外出儿女永远的牵挂,是朋友寄来贺卡上的眷眷祝福,是同事带着微笑的一声问候,是陌生人邂逅时的彼此关照。没有安全,一切美好都将失去。

健康和安全是职工最大的资本,也是职工最基本的权益保障。只有把职工的健康安全放在第一位,才能保证职工队伍的稳定,激发职工生产的积极性、创造性,促进企业持续健康地发展以及社会的和谐与安定。因此,加强健康安全素质建设是职工素质建设工程不可或缺的内容之一。

每一个职工都应当认识到,自己的健康和安全是自己最重要、最根本、最不可失去的资本,需要自己的细心呵护和全心关爱。要意识到健康和安全的重要性,要提高防范安全事故的意识、提高安全生产的技术和技能,提高安全意识,注意安全细节,严格执行安全纪律,认真负起安全责

任，做好自己的职业防护工作，谨守“三不伤害”原则，严反违章作业、违章指挥和违反劳动纪律的“三违”行为，在日常生活中也注意安全防范安全，学习和掌握各种安全逃生和自救的方法技巧，把安全意识贯穿到生活和工作的每一分每一秒，全面保障安全生产，不出事故，不让自己受到任何伤害；要注重维护自己的健康，合理膳食，适当运动，注意休息，养成健康生活的好习惯，注重健康细节，有病早治，无病早防，调节自己的情绪和心态，时时保持乐观积极，才能留住健康，维护安全，守住我们这个最大的资本。

## 2 保持身体健康，塑造健康体魄

身体的健康是职工工作的前提和资本。只有身体健康、强壮有力的职工，才能把工作做到最好。提高自己的健康和安全素质，就是要促进职工保持身体健康，学会应用各种各样的方法和技巧，维护身体健康，保持身体健康，塑造健康的体魄，为全面做好工作奠定坚实的基础。

什么样的身体才是健康的身体呢？世界卫生组织(WHO)给出了健康的十条标准如下：

(1)精力充沛，能从容不迫地应付日常生活和工作；

(2)处事乐观，态度积极，乐于承担任务，不挑剔；

(3)善于休息，睡眠良好；

(4)应变能力强，能适应各种环境变化；

(5)对一般感冒和传染病有一定的抵抗力；

(6)体重适当，体态均匀，身体各部位比例协调；

(7)眼睛明亮，反应敏锐，眼睑不发炎；

(8)牙齿洁白,无缺损,无疼痛感,牙龈正常,无蛀牙;

(9)头发光洁,无头屑;

(10)肌肤有光泽,有弹性,走路轻松,有活力。

很显然,真正要达到这十条标准、拥有健康的体魄也不容易。特别是年纪渐长之后,生理上的衰老无以抗拒,有些标准就更难做到了。但是只要我们有良好的健康意识和丰富的健康知识,勤于锻炼,努力向健康标准靠拢,我们就能保持健康,拥有健康的体魄。

二十一世纪的健康格言是:最好的医生是自己,最好的处方是知识。因此,掌握健康科学知识和科学的锻炼方法,才能塑造健康的体魄,保持身体的健康。那么,怎样才能保持身体健康,塑造健康的体魄呢?

世界卫生组织认为,人的寿命受到行为和生活方式、环境、生物遗传以及医疗卫生服务四大因素的影响。其中,行为和生活方式对健康影响占60%,环境因素占17%,生物遗传因素占15%,医疗卫生服务占8%。其中生活方式是主要因素。良好的生活方式可以促进人体的健康,反之,则会危害人体的健康。2000年世界卫生组织提出了“合理膳食、戒烟限酒、心理平衡、体育锻炼”的健康促进新准则。我国卫生部门参照国外经验,汇集我国大多数保健专家学者的意见,结合我国的特色,总结出了我们应该推行的健康生活方式,就是要做到“八注意”:合理膳食、规律起居、保证睡眠、劳逸结合、性爱和谐、戒烟限酒、适量运动、心理平衡。也就是说,每一个职工在平常的生活和工作中,注意这八个方面,就能保持身体的健康,拥有健康的体魄。

(1)合理膳食:饮食是影响人的健康和寿命的一个重要方面。医学专家们认为,营养不足和营养不平衡是导致多种疾病的重要诱因,如糖尿病、高血压病、冠心病、高脂血症、痛风症、癌症等,无不与膳食平衡失调有关。根据现代营养学的研究,人体所需的各种营养素分为7类,即蛋白质、脂肪、糖类(碳水化合物)、无机盐(包括微量元素)、水、维生素和膳食纤维。对这些营养素不仅有量的需求,而且各营养素之间还应有合适的配比。卫生部委托中国营养学会组织专家,制订的《中国居民膳食指南》(2007版)中提出10条原则:

①食物多样,谷类为主,粗细搭配。

②多吃蔬菜水果和薯类。

③每天吃奶类、大豆或其制品。

④常吃适量的鱼、禽、蛋和瘦肉。

⑤减少烹调油用量，吃清淡少盐膳食。

⑥食不过量，天天运动，保持健康体重。

⑦三餐分配要合理，零食要适当。

⑧每天足量饮水，合理选择饮料。

⑨如饮酒应限量。

⑩吃新鲜卫生的食物。

这里特别要说说吃早餐。老话说早吃好，午吃饱，晚吃少。现在不少年轻人不爱吃早饭，这是一个误区。不吃早饭，会严重伤胃，使你无法精力充沛地工作，而且还容易“显老”。德国埃朗根大学研究人员在对7000个男女的长期跟踪后发现，习惯不吃早餐的人占到了40%，而他们的寿命比其余60%的人平均缩短了2.5岁。而另一所大学在一次对80～90岁老年人的研究中发现，他们长寿的共同点之一是：每天吃一顿丰盛的早餐。

(2)规律起居：起居，主要指作息，也包括对各种日常生活活动的安排在内。从近代一些长寿老人的经验来看，有一套符合生理要求的作息制度，有规律起居的良好习惯，是一条重要的健康长寿经验。由于现在社会生活节奏加快，文化生活丰富，不少年轻人不注意生活起居，玩起来没有节制，工作起来也是通宵达旦。这会引起身体各项功能的紊乱，长此以往，必定损害健康。

(3)保证睡眠：睡眠是人生活中的一个重要组成部分，也是人体健康的重要保障。保证睡眠可以消除疲劳，恢复体力。同时由于体温、心率、血压下降，呼吸及部分内分泌减少，使基础代谢率降低，从而使体力得以恢复。睡眠不足就会烦躁、激动或精神萎靡，注意力涣散，记忆力减退。而睡眠充足者，精力充沛，思维敏捷，办事效率高。这是由于大脑在睡眠状态下耗氧量大大减少，有利于脑细胞能量贮存，提高脑力。充足的睡眠还可以增强免疫力，康复机体，延缓衰老，促进长寿。

(4)性爱和谐：许多研究者认为：有无性生活是健康的标志之一，性欲是构成人类思想感情的重要组成部分，它对健康的影响殊为巨大。和谐的性生活能使夫妻双方的身心保持健康，爱情有助于健康长寿，美满幸福的爱情可使对方体内分泌出一种令人健康长寿的代谢物质如激素酶、乙酰胆碱等。我国有关部门的调查显示,影响夫妻亲密指数的三大主要因素分别是:对同一事物的观点经常不一致或严重分歧,家庭责任大,性生活不和谐。因而拥有和谐的性生活也是保持健康的重要内容。

(5)戒烟限酒:众所周知,吸烟对人体健康是百害而无一利。烟雾中的有害物质有 600 多种,已确定的致癌物质便达 40 多种。吸烟者与不吸烟者相比,患肺癌的危险性高 8－12 倍,患喉癌的危险高 8 倍,食管癌的危险高 6 倍,膀胱癌高 4 倍。从青少年时开始吸烟,持续下去,就会有 50%的机会死于与烟草相关的疾病。其中半数将死于中年。

**老王,五十出头,一天两包烟,两三天一瓶酒,平时应酬多。最近刚刚就任公司经理,孩子上高三,学习在班里一数二,准备高考。家里也刚买了一套 150 多平方米的房子,还没有装修。有一天老王感觉肝区疼痛难忍,浑身无力,就到医院检查,结果是肝癌晚期。做了下次手术,花了四十多万,不到一年,就撒手人寰。孩子因为父亲的病没有考上重点大学,一大笔房贷丢给了收入不多的妻子,家里的生活一落千丈。**

吸烟对人体健康危害极大,一旦戒烟,就可以使多种疾病如慢性支气管炎、溃疡病、冠心病、动脉硬化等好转或痊愈,使心脑血管病的发病率与死亡率降低,减少患肺癌的机会。据医学家的研究证明,吸烟者患肺癌的机会在戒烟 10－15 年后可降到与不吸烟者一样,冠心病的死亡率在戒烟 1 年后明显下降,10 年后可降到不吸烟者的同一水平。

酒和烟不一样,烟要一点不沾才行,而酒只要适量,对健康可以说是有益无害的。但是千万不可过量,因为酒会伤肝,易引发肝硬化、脂肪肝。不但伤肝,还损害脑功能,易引起老年痴呆。特别是每天都要喝酒的人,这类人老年痴呆的概率比普通人要高得多。从身心健康的角度来说,酒不能多喝,要注意控制饮酒的量,特别不能酗酒。

(6)适量运动:运动是保持身体健康、特别是塑造健康体魄的最好的良方。“流水不腐,户枢不蠹”、“从小爱活动,老来药不用”、“饭后百步走,活到九十九”、“生命在于运动”、“一身动则一身强”,这些格言揭示了生命的重要规律——动则不衰。运动不但可以让你身体富有弹性,而且能帮助你塑造健美的体形,还可以改善你的健康状况,使你青春永驻、益寿

延年、心胸开阔、精力充沛、活力四射……如此看来，运动的力量还真是无穷。养成锻炼身体的习惯，你就可以保持青春活力。如果一个人想要健康、精力充沛地生活和工作，想要推迟衰老、延长寿命，想要伴随相亲相爱的人走更长更远的路，想要充分享受生命，就要在自己的每日生活中，加入运动这一项任务。每一个职工可以根据自己的身体、年龄、体质和喜好的不同，选择不同的运动和锻炼方式，塑造自己的强健体魄。

运动贵在坚持，一定要讲究持之以恒，不能三天打鱼两天晒网。运动量不在于有多大，每天能抽出 20 分钟来锻炼，坚持下来，对于塑造健康的体魄也是很有益处的。

(7)定期体检。定期体检是及早发现身体的疾病信号、了解身体的状况、做到有的放矢地早防早治的有效方法。现在不少企事业单位都有一项福利，是每年组织职工体检。职工一定要积极参与。但是总有一些职工不重视体检，或者以工作忙作借口，或者认为自己年轻体壮，不会得病而躲着体检，结果耽误了疾病的早发现，早治疗，造成终身遗憾。这是非常不应该的。

大吴是某机关的中层干部，每年单位组织体检他都用工作忙来推辞，同事们没少劝他。最近一段时间，他老是感到头痛，头晕，浑身乏力，可他也不去医院。有天早上刚起床，就昏倒在地，家人赶紧打了 120 急救电话，医生诊断是脑梗。虽然抢救过来了，刚五十岁的人，就落下了后遗症。据医生介绍，他的许多指标都高，以前如果经常做检查，是可以早预防的。

所以，定期体检一定要重视。对于体检结果更应当高度重视，别认为正常或是没什么大病就掉以轻心。可以详细地咨询医师，并制定适合自己的身体的保健方法和锻炼计划，以保持自己的身体健康。

(8)保持心理健康。

心理健康，就是心灵上的健康，指一个人的心态、情绪、心理素质、承受力等方面的健康状况。健康的身体绝不仅仅只是身体的健康，心理上的健康更是至关重要的方面。所以关注心理健康，也是保持健康体魄的重要方面。

健康的身体是我们最大的资本，也是我们做好一切工作的前提和基础。因而，不论何时何地，都要记住健康第一，养成良好的健康生活习惯，多锻炼，多休息，多运动，不抽烟不喝酒不熬夜，心情愉快，就能拥有一个健康的体魄。

3

## 呵护心理健康，保持乐观缓解压力

世界卫生组织提出这样一个口号：健康的一半是心理健康。确实，身体再好，如果心理不健康，甚至比身体不健康更令人担心，后果也更严重。这已经得到越来越多的人的共识。曾经震惊世界的“富士康十三连跳事件”就是职工心理疾患所致的严重后果。

2010年1月23日，凌晨4时许，富士康19岁员工马向前死亡。警方调查，马向前系“生前高坠死亡”。

2010年3月11日晚9时30分，富士康龙华基地一名20多岁的李姓男工在生活区C2宿舍楼5楼坠身亡，原因疑为过年加班费被盗，一时想不开而轻生。

2010年3月17日上午8时，富士康龙华园区一名田姓女子从宿舍楼跳下摔伤，其本人表示跳楼原因为“活着太累”。

2010年3月29日，龙华厂区，一男性员工从宿舍楼上坠下，当场死亡，23岁。

2010年4月6日，观澜C8栋宿舍饶姓女工坠楼，入院治疗，18岁。

2010年4月7日，观澜厂区外宿舍，宁姓女员工坠楼身亡，18岁。同时当天租住在观澜樟阁村的一位22岁湖北籍富士康男员工被和他一起住的父母发现不省人事，后抢救无效死亡。

2010年5月6日，龙华厂区男工卢新从阳台纵身跳下身亡，24 岁。

2010 年 5 月 11 日，24 岁的河南许昌姑娘祝晨明在宝安区龙华街道水斗富豪新村 1 1 巷某栋住宅楼 9 楼楼顶跳楼自杀身亡。

2010 年 5 月 14 日，在深圳富士康龙华厂区北大门附近的福华宿舍，晚间富士康一名梁姓员工坠楼身亡，安徽籍，2 1 岁。

2010 年 5 月 21 日早晨 5 时许，深圳龙华富士康员工宿舍一名 2 1 岁男性员工南某坠楼，送医院抢救，于 5 点 40 分宣布死亡，这是当年来的第十起事故。

2010 年 5 月 25 日早上，在华南富士康观兰分厂，观兰镇樟坑径村一男子坠楼，当场死亡，据悉死者叫李海，精加厂员工。

2010 年 5 月 26 日 23 时 27 分，在深圳市龙华街道富士康科技园 C2 宿舍楼有人跳楼。经查，死者贺某，男，汉族，23 岁，甘肃省庆城市人，未婚，住龙华街道富士康厂区 C2 宿舍 A 栋 3 1 室。贺某于 2009 年 6 月 18 日进入富士康工作。

2010 年 5 月 27 日 4 时 10 分许，富士康又发生了第十三跳一其实称其为第十三跳并不准确，因为这位 25 岁的男性员工陈某是割脉自杀。接警后油松派出所民警迅速赶到现场调查，及时联系 120 将伤者送往医院救治，后脱离危险。

说实话，第一跳时，大家都以为不过是偶然事件，可能只是一时的想不开而已，但从第二跳开始，连续的跳楼事件足以让大家胆战心惊了，接连不断发生的悲剧，已经让所有人的神经都快到了崩溃的边缘，十三连跳！多么让人心惊的数字，几个月内同一家公司的 13 个年轻的生命求死的冲动占用了求生的本能，其中 10 个鲜活的生命永远也不能再回来了。是什么让他们如此决绝、如此轻易地就把自己宝贵的生命甘心送了出去？这些年轻的、有着无限美好的未来的员工们到底怎么了？

结论却出奇地平淡和简单：心理健康出了问题！可见保持心理健康的重要性。

心理健康是指具有正常的智力、积极的情绪、适度的情感、和谐的人际关系、良好的人格品质、坚强的意志和成熟的心理行为等。心理健康与一个人的工作态度、生活观念和成就、贡献关系重大。包括两方面的内容:一是能积极调节自己的心理状态,顺应环境;二是能有效地、富有建设性地发展和完善个人生活。

那么,什么样的心理是健康的,什么样的心理又是不健康的呢?美国心理学家马斯洛和米特尔曼提出的心理健康的十条标准被认为是“最经典的标准”:

(1)充分的安全感。

(2)充分了解自己,并对自己的能力作适当的估价。

(3)生活的目标切合实际。

(4)与现实的环境保持接触。

(5)能保持人格的完整与和谐。

(6)具有从经验中学习的能力。

(7)能保持良好的人际关系。

(8)适度的情绪表达与控制。

(9)在不违背社会规范的条件下,对个人的基本需要作恰当的满足。

(10)在不违背社会规范的条件下,能作有限的个性发挥。

反之,与这十条标准不相符就可以说心理出现了问题,需要引导和调整了。

对于大多数职工而言,心理疾病大多是受到职场压力、社会压力与个体压力综合作用的结果。工作任务过重、人际关系复杂、角色冲突等,都会影响到职工的心理健康。目前,职场人士的心理困扰主要表现出抑郁、职业倦怠、焦虑、沮丧、悲观等方面。这些心理问题若不能得到妥善的解决,必将影响员工心理健康,带来心理困扰,并影响到工作。所以,要学会主动调节自己的心态,保持乐观向上积极进取的态度,缓解压力,减少压力的伤害。

现代生活中每个人都不同程度会承受来自各方的精神压力,压力得不到缓解就会引发各种心理疾病,压力成为现代职业人最大的健康杀手之一。过大的突然的压力还会完全地把一个人压垮,使人产生悲观厌世的情绪,甚至走向极端,这是每一个员工都要特别预防的。像“富士康十三连跳”事件,就是一个极大的教训。所以,缓解职工压力,纾解职工情绪,是保持心理健康的重要途径。职工可以从以下方面缓解压力:

一是积极倾诉。当遇到难题而苦闷的时候,大多数人都想找人倾诉

一番。人们将令人烦恼、困惑或愤怒的事情倾诉出来后,就会感觉到如释重负。倾诉,是一种感情排遣,是人们谋取心理平衡的一种心理调节术。

二是及时宣泄。每当我们遇到一些令人烦恼、痛苦的事时,都会给自己的心理带来很大的压力。心理压力过大,就会失去心理平衡,也常常导致了生理疾病的发生。所以,当你有"一肚子气"时,不妨找一个你最亲的人、最理解你的人,把肚子里的怒气、怨气一股脑儿倒出来,这样心里就可以得到最大限度的解脱。

三是适度转移和释放压力。面对压力,转移也是一种好办法。当压力太重背不动了时,不妨先放下来不去管它,把注意力转移到能令你感到轻松快乐的事上来。等情绪调整好后,已经清醒并且坚强起来的你,还会害怕面前的压力吗?

压力无所谓好坏,关键是如何对待它,调适它。总而言之,压力无处不在,我们要认真对待心理压力,并及时地、适当地通过情绪调节来缓解心理压力,为它找个流淌的出口,它就不会给我们的精神带来太重、太大的伤害,就能维持心理健康,保持心灵的活力。

## 4 切实提高安全意识,时时牢记"安全第一"

安全需要是人类最基本的需要,也是人类社会发展、进步、繁荣的必要条件。安全是企业兴衰的命脉,是每个职工生命的保障,是家庭幸福美满的纽带,是构建和谐社会的基石,因此,不论是员工还是企业,任何时候都应该把安全放在第一,任何时候都要牢记安全第一。该将"安全第一"时刻铭记在心,任何时候都不能懈怠,否则后果不堪设想。

**1999 年 5 月 1 日,属乡镇企的上海闵行区诸翟自来水管理**

站地面水厂，发生一起硫化氢中毒事故，致使中毒 8 人，死亡 3 人。

5 月 1 日上班之前该厂厂长决定，为清扫水池，抽取蓄水池（深 5 米，长 12 米，宽 7. 5 米）的液面残留水（池内有 5 个月的积水污泥），派人下池清理。上班时，该厂既不对蓄水池液面空间采取通风措施，又不检测是否存在有毒有害气气体，4 名工人未戴任何防毒用具就下池清理，1 分钟内先后倒入池内，之后又有 4 人也未戴任何防毒用具下池救助也先后倒入池内（包括 1 名 119消防队员），在送往医院途中死亡 2 人，入院后又死亡 1 人。

事故发生后 6 小时经检测人员检测，蓄水池东入口池内近液面处硫化氢浓度 30 ppm，超标 4 倍，确认是由于高浓度硫化氢气体导致工人中毒。

安全第一，安全大于天，任何事情也赶不上安全的重要。因为在安全上稍一麻痹就会给人带来伤害，甚至是付出生命的代价，而生命多么珍贵！当我们把目光投向那一个个血淋淋的事故，看一看那一个个不再完整的家的时候，酸涩在眼，悲痛在心，还有什么比“三违”更可怕，还有什么比安全更重要，还有什么比人的生命更可贵呢？所以，提高职工的安全素质，就比什么都更重要。因为安全就是效益，安全就是发展，安全就是幸福，没有安全就没有了一切！

提高职工的安全素质，也就是要使每一个职工都明白安全的重要性，都学会怎样维护自己的安全，掌握必要的安全知识和技能，学会逃生和自救自护，防范各种职业伤害，杜绝各种安全事故，从而保证自己的安全，生产的安全，企业的安全。

提高职工的安全素质，最重要的就是提高职工的安全意识，任何时候都牢记安全第一，任何时候都守住“安全第一”的准则，才能真正保证安全！

所谓安全意识，就是人们头脑中建立起来的生产必须安全的观念，也就是人们在生产活动中各种各样有可能对自己或他人造成伤害的外在环境条件的一种戒备和警觉的心理状态。如果不把这种意识深植入内心，不随时随地把安全放在第一，就必然会失去安全，引发事故。

在湖北汉宜高速公路曾经发生过这样一起特大交通事故。

一辆大客车与一辆大货车追尾，结果造成12人死亡，41人受伤。据相关报道，这起事故发生的原因是由于大客车司机习惯性作业发生意外而造成的。原来，司机老李有一种习惯，那就是每当开车开得很疲乏的时候，总要点上一根香烟来解乏提神。

事故发生前，他已经连续驾车九个小时，这时他习惯性地就点上了一根香烟，一根致命的香烟。就在他准备超过前面那辆大货车的时候，从香烟上掉下还带着火星的烟灰一下子落到了他的腿上，由于当时是夏天，他穿的裤子又很短，他低头用手去弹烟灰，踩油门的脚由于烟灰的灼痛本能地一伸，车速猛地加快，就一下子撞在前面那辆大货车上，事故就这样发生了，12条鲜活的生命就这样永远地沉睡了，司机老李也被当场撞死，也许他永远不会明白，是他自己平时对坏习惯的纵容害了他自己，也害了别人！

意识决定行为，安全意识决定安全行为。只有脑子中真正刻印下安全两个字，真正意识到了危险的存在和其严重的后果，时刻把安全放在心上，才能小心谨慎，严守安全规章，恪遵操作规程，牢记“安全第一”，时时刻刻防范安全事故。所以，安全素质提高的第一条，就是提高安全意识，时刻把安全放在心上，牢记安全第一。

有了安全意识，才有安全行为。行为决定习惯，习惯决定素质，素质决定命运，只有先有安全意识，时刻把“安全第一”握到手中，刻在心上，融进血液中，才能真正保证安全。

只有树立起安全意识，时刻牢记“安全第一”，时刻把安全第一放在心上，才能时时刻刻注意安全，保持安全，警惕安全，守住安全，使安全得到保障。

## 5 学习安全知识，严守“三不伤害”原则

提升安全素质最重要的就是安全知识和安全技能。基本安全知识是每一个员工必须掌握的，是员工认识和防范危害，提高执行能力前提，也是一个人的安全能力和安全素质的具体表现之一。只有通过学习，努力掌握各种安全知识，提高自身安全素质，才能保护生命安全不受侵犯，才不会干出误人误己的蠢事。

2000 年，在一大型水利枢纽建设工地上，一名上岗不久的年轻职工，在拆除大坝脚手架时，不按规章拆除顺序，竟然先拆除脚下的支架，结果造成脚手架上 3 名工人坠地身亡。他也失去了双腿，终身残疾。

身亡的职工中，其中有一位本来就家境贫寒，他的突然离世，使整个家庭陷入了悲痛和困顿，年幼的儿女失去了父亲，年轻的妻子失去了丈夫，家庭失去了支柱，也失去了经济来源。最让人心酸的是，每当他年迈的老母亲提起儿子的时候，总是抚摸着儿子的照片，泪流满面，悲痛欲绝，难道这个世界上还有比白发人送黑发人更残酷的事情吗？

造成事故的年轻人，每每提及当时的一幕，提起因他而死的 3 位同事，他只恨这世上没有卖后悔药的，抚摸着已残疾的腿，唉声叹气：“你说我这图的什么？要是在学习安全知识的时候能再认真一点，跟师傅学习技术的时候能够再用心一点，也不会犯下如此大的错误，工作没干好、身体也成了这样，害了自己也害了别人”。

安全知识就是保证安全的资本，是保命的灵符。不懂安全知识就会害人，不仅害自已，也害了别人，可见安全知识对于安全非常重要。掌握

安全知识，则完全相反，不但救自己还能救别人。

1995年，某矿发生特大透水事故后，在狂涌而出的大水面前，很多人都惊恐失措了，甚至人群中传出哭泣声……紧急时刻，一名班长勇敢地站出来，按照他脑中的避灾路线，在正常出口被封堵的情况下，炸开了一个废弃斜井的密闭门，使二十余人成功脱险。

事后在荣誉面前，班长说："是安全知识救了大家……"

安全知识是职工保证安全生产、安全操作的基本前提，也是每一个职工必备的职业素质之一。只有掌握了这些最基本的知识，安全才有了一个基本的保障，才算得上"我会安全"，才能在面对各种各样的危险的时候知道该怎么办，才会办，而且能力得正确、有效。只有"会"了，才有资本可以去讲安全，"会不会"决定"可不可以"。如果你什么安全知识都没有，明明前面是危险的，虽然你知道"安全第一"的重要性，也有着强烈的"我要安全"意识，可是你根本不知道到底是安全还是危险，那么就必然还会往前走，危险临近却不自知，还有什么比这更危险的呢？你根本就不懂安全知识，不会安全自护，面对危险时，又如何可以保证安全呢？所以，掌握安全知识，是提升安全素质的重要内容，因为只有"会"了，才"可以"有安全。

职工需要学习和掌握的安全知识很多。比如安全法律法规、安全规章制度知识，安全色、安全标志和标识知识、危险化学品标识标志知识，安全心理学知识，事故预防知识、风险管理基本知识、特种设备和各种危险物品知识，各个不同岗位的安全知识和基本要求，现场急救、自救和逃生知识等，内容相当多，需要每一个职工都全面掌握才行。只有这样，才具备基本的安全能力，才有资格走上岗位，才能做好基本的岗位工作，才能安全自保，才能求得平安，也才能真正成为一个具有基本安全素质的员工。

掌握了必要的安全知识，还要守住安全的底线，安全才能有保证。这个底线就是"三不伤害"——不伤害自己，不伤害他人，不被他人伤害。

不伤害自己，就是要提高自我保护意识，不能由于自己的疏忽、失误而使自己受到伤害。这就要求我们每一个人在工作中一定要严格按照"三大规程"作业，在任何时候都不能违章作业，并且要严格按要求佩戴劳动保护用品，在作业中知道如何保护自己，以达到不伤害自己的目的。

不伤害他人，就是自己的行为或后果不能给他人造成伤害。特别是在多人作业时，绝不能由于自己不遵守操作规程，对作业现场周围观察不够以及自己操作失误等原因，对现场周围的人员造成伤害。他人生命与你的一样宝贵，不应该被忽视，保护同事是每一个员工应尽的义务。每一个员工在工作中时时刻刻绷紧安全这根弦，严格遵守劳动纪律，坚持按章作业，在操作中不要有任何侥幸心理，而是通过自己实实在在的严谨工作，真正做到“任何违章都可以预防”，为周围的工友创造安全的工作环境，保证不伤害他人。

不被他人伤害，就要求每个人都要加强自我防范意识，工作中要注意防范和职免他人的错误操作或其他隐患对自己造成伤害。人的生命是脆弱的，无比珍贵，自己的生命安全不应该由他人来随意伤害。每一个员工都要树立强烈的自我保护意识。不仅自己不要有“三违”行为，还要及时发现和防止他人有“三违”行为，在作业中，要坚决抵制“违章指挥”，坚持不安全不生产，时刻保持警惕，保证自身安全。

“三不伤害”，是我国安全生产的重要原则，是为了减少生产中的人为事故而采取的一种互相监督、互相督促的安全生产原则，也是职工安全素质的重要内容。安全其实是一个庞大的系统，并非单个人做到安全，安全就能保障的。只有人人做到安全，严守“三不伤害”，安全才能真正有保障。

## 6 遵守安全规程，力反“三违”行为

对于天天处于生产第一线的职工而言，遵守一切安全规程、遵守所有劳动纪律、杜绝违章指挥、违章作业、违反劳动纪律的“三违”行为，不仅是

基本的安全素质要求，也是保证自己安全、杜绝安全事故的最重要的前提。

安全规程，其实就是给职工的一份详细的安全指南，就是职工的安全保护神，只有严格按照安全操作规程的规定操作，安全才有保障。如果违反操作规程，势必会危及我们的安全，甚至发生严重的安全事故。

关于安全规程，有一句流传最广的格言：操作规程血写成，不需再用血验证。这是因为每一个安全规程在形成过程中，都有过惨痛的教训。许多写进操作规程中去的条条款款，其实都是无数次事故的总结，无数次血的教训的结晶。现在很多企业都实行了岗位责任制，但却很少有人知道，这个制度也是从血的教训中诞生的。即使在今天，大庆油田也还流传着"一把火烧出了岗位责任制"的故事。

1962 年 5 月 8 日，大庆油田所在的区域刮起了大风。凌晨 1 时 15 分，安全生产 170 天的油田中区一号注水站，燃起了冲天大火。火灾是因为 3 号柴油机排气管冒出的火星被吹入房顶保温层中，引燃油毡纸和锯末而酿成的。当时，值班工人发现从房顶落下火星，就有 4 人上房检查，他们打开瓦片发现火苗，马上用灭火器灭火。但 7 个灭火器却有两个不能用。加上平时防火演习少，工人们对防火设备不会熟练操作，等到灭火器用完还没有把火扑灭时，才想起使用消防水龙头；可是原来 100 米的水龙带已损坏得只剩下 7 米，水枪不知去向。虽然起火地点离水龙头只有 20 米远，却也只能等消防车来灭火。就这样，七折腾八折腾，火势早已失控。消防队赶到时，大部分厂房已经烧着。厂房设备在 3 小时内全部化为灰烬。这是大庆会战初期损失最严重的一场火灾。

这场火灾后，时任国家石油工业部部长余秋里立即赶往大庆，全油田就"一把火烧出来的问题"开展大讨论，并选择了 10 个不同类型的基层单位进行试点。后来，油田北区二号注水站摸索总结出了一套办法，把每样东西、每件事情，由谁管、负什么责任都落实到位，使每个人都知道他干什么、管什么、怎么管，达到什么程度以及自己的权利。这些规定清楚，就是岗位专责制，后来完善为岗位责任制。

安全规程更是如此，哪一个安全规程不是从血淋淋的事故和教训中总结出来的？哪一个安全制度不是因为无数次的事故才制定完备的？安全规程就是无数工人用鲜血写成的，每一句话里，每一个字里都有血的教训，那还需要我们再次用鲜血来验证吗？

安全规程是安全生产的绝对保障，安全规程就是安全的指南，安全规程是科学检验的结果，是生命的代价和事故的总结换来的成果，只有依据"安全规程"才有可能安全生产，因而，在实际工作中一定要听"安全规程"的指挥，任何时候都不违反，操作规程的任何一个环节都不能省略，不能跨越，不能颠倒顺序，必须严格执行，"愚蠢"执行，也就是安全规程怎么规定就怎么执行，不用问为什么，更不必考虑应不应该！

违反操作规程，就会受到惩罚。违犯劳动纪律和规章制度，也是一样，甚至后果更为严重。"三违不反，生命不保"、"违章操作就是自杀，违章指挥就是杀人"，就是明证。

1999 年 3 月 20 日，某煤矿中采六井当班人员执行施工探巷，正常进尺的生产任务。在打完第二遍炮眼，放完炮后，局部通风机停风，开始出煤，煤快出完时，一名工人违反劳动纪律在井下点火吸烟引起瓦斯爆炸，造成死亡 5 人，伤 2 人。

经事故调查组的调查，该矿井管理混乱，没有正规的机械通风系统，井下局部通风机随意关停，没有配备专职瓦检员，瓦斯管理失控；矿井以包代管，忽视安全管理，未执行入井检身制度，使工人经常带烟、带火入井；该矿招收工人不经培训就上岗作业，导致工人安全素质低，防护意识差。认定：事故的直接原因是该探巷工作面停风，造成瓦斯积聚，工人吸烟引起瓦斯爆炸，是典型的"三违"事故。

像这样因为"三违"而导致死伤的事故实在是数不胜数。翻开一页页事故通报，那一桩桩、一件件血淋淋的事实向我们敲响了一次次警钟，追溯事故发生的根源，罪魁祸首都是"三违"。

"三违"——违章作业、违章指挥及违反劳动纪律，是人的不安全行为所导致的各类事故的罪魁祸首。据统计，安全事故中有 90 %以上都是因为"三违"而导致的，绝大部分伤害生命、影响安全的重大事故中都有"三违"的魔影在闪动，都是"三违"的魔手在驱动。可见"三违"就是事故的温床和祸根，是安全的大敌和杀手。“三违”不反，生命不保，要保证安全，必须先反“三违”！

作为普通职工，要把反“三违”作为自己义不容辞的责任。要树立“在岗一分钟，安全六十秒”的意识，平时加强学习，不断提高自己辨险、识险能力，增强对事故的防御能力。在生产工作中，全力以赴，不分心走神，任何时候都知道自己该做什么，不应该做什么，应该怎样去做，怎样做才安全。要随时注意同事的行为是否对自己的人身安全构成了威胁，随时做好不被同事伤害的准备，确保自己时时刻刻处于安全的状态和环境中，以不变应万变，保护自己不被他人伤害，任何时候都不违章违纪。

要积极监督和制止同事的违章行为。对违章行为，每个职工都有权监督，有权制止。看见习惯性违章行为不劝说、不制止，本身就是一种违章做法，必须要杜绝和克服的习惯。制止习惯性违章行为，既是对违章者负责，对企业的安全生产负责，也是对自身负责。因为很有可能因为别人的违章行为伤害到你的生命。

每个职工都应明确“一损俱损，一荣俱荣”这个道理，以主人翁的姿态和积极参加反习惯性违章的实际行动，来维护企业安全生产的大局。

全面深入地反违章，需要每一个职工的积极参与和认真行动。广大职工是反习惯性违章的主体，只有动员和依靠广大职工，才能安全生产。所以，每个职工都应把反“三违”当成自己的大事来办，同心同德反“三违”，安全才有保障，生命才有保障，生产才有保障。

## 7 提高安全技能，保证岗位工作的安全

安全技能是安全最坚固、最有效也最实用的安全屏障。

安全意识决定的是我们“愿不愿安全”的问题，有了安全意识，我们能够而且愿意时刻注意危险，警惕危险，识别危险，防范危险；安全技能则是解决的“会不会安全”的问题，有了安全意识，我们能认识到危险，但不能从容面对危险，防范危险，消除危险，只有熟练的安全技能才能做到。所以，提高职工的安全技能水平，是保证岗位工作安全的护身符，也是提升安全素质的关键内容。

每一个员工的岗位不同，对于安全的要求也不同，需要掌握的安全技能也不同。汽车司机要有交通安全意识和基本行车安全技能；矿山工人有矿山安全采掘的安全技能；化工人员有防火、防爆、防伤害的安全意识和化学合成的安全技能；电工有电工的安全技能；矿工有矿工的安全技能……各行各业的员工对于安全技能的要求各有不同，但有一点是共同的，就是没有扎实的安全技能，是不可能做到“我能安全”的，也不可能在工作中保护自己也保护别人的生命安全。杜绝违章、减少事故、降低损失、消灭伤亡的前提，都必须是具有扎实的安全生产基本技能。只有熟练掌握了本工种、本岗位的安全操作技能和安全常识，才具备预防事故发生的技能，生命安全才有保障。

2001年11月28日下午3点，某厂热塑班班长李甲带领本班另外三名班员在Q11－6 X 2500型剪板机上剪切钢板。李甲将全班分为两组，在同一剪床上同时作业，由李甲负责控制脚踏开关。作业进行到3时10分左右，李甲在送钢板时，右手伸进了剪板机的剪切面，并在此时误动了脚踏开关，剪板机瞬间动作，将李甲右手食指、中指、无名指剪断。

剪板机安全操作规程明确规定：“在设备运转时或未停电时，禁止将手伸入剪板机压脚内取放工件。”“严禁两人在同一剪床上同时剪切两件材料。”李甲却完全无视安全规程，没有丝毫的安全意识，没有按照安全操作技能操作，竟然在送钢板时将手伸入了剪切面。虽然没有伤及性命，却对自己造成了重大的伤害。如果平常多加强安全技能练习，提高自己的安全操作意识，杜绝违章，他就不会失去自己宝贵的手指了。

可见遵守安全操作规程、熟练掌握安全操作技能，是相当重要的。要保证安全，就一定要学好岗位安全技能，站好自己的岗位，保证在岗一分

钟，就能安全六十秒。

这里我们选取几个重要的岗位，简单介绍一下基本的岗位操作技能。

(一)电工岗位安全技能

(1)电气作业人员对安全必须高度负责，应认真贯彻执行有关各项安全操作规程，安全技术措施必须落实。安装电气必须符合绝缘和隔离要求，拆除电气设备要彻底干净。对电气设备金属外壳一定要有效接地。电气作业人员要正确使用绝缘的手套、鞋、垫、夹钳、杆和验电笔等安全防护品与工具。

(2)加强全员的防触电事故教育，提高全员防触电意识；健全安全用电制度；严禁无证人员从事电工作业；使用电气设备要严格执行安全规程。

(3)针对发生触电事故高峰值带有季节性的特点做好防范工作。据有关资料表明，6、7、8、9 月发生的触电事故占全年发生数的 70%左右，而 7 月发生数又占事故高峰期的 40%以上。在高温多雨季节到来以前，要全面组织好电气安全检查，对流动式电动工具要列入重点检查。也要做好日常对电气的保养、检查工作。

(二)切削加工岗位安全技能

(1)操作者在上岗之前，应通过专门培训，取得相关设备操作证书。

(2)操作者在上岗之时，应首先熟悉机床特点，熟悉机床安全操作规程，掌握安全技术并接受专业人员的安全操作检查。

(3)检查机床安全防护装置，机床的危险部分是否有设计合理、安装可靠和不影响操作的防护装置(如防护罩、防护挡板和防护栏等)，是否有松动或脱落等现象。如发现安全防护装置存在问题，应立即组织人员检修，经检验合格后方能启动机器；如发现有松动或脱落现象，应紧固设备、夹具、工件，保持设备处于安全状态，保持工件固定可靠。

(4)检查机床上的安全保险装置，如超负荷保险装置、行程保险装置、顺序动作连锁装置和制动装置，装置是否齐全，功能是否正常有效。

(5)在切削加工过程中发现有异样，如有异响，有异味，有冒烟冒火情况，有失控现象，应立即停止操作，对设备进行检修。检修应在切断电源后才能进行。

(6)检查生产现场是否有足够的照明，照明能否看清设备和工件的各个部位。

(7)对噪声超过国家规定标准的机床,应查明原因,并采取降低噪声的措施。

(8)女职工在切削加工作业中,更应注意掌握安全技术。一方面,不要留长发,如头发过长,一定要将长发放入头罩,以免头发被卷入车床;另一方面,不要穿高跟鞋上班,以免站立不稳,造成摔伤;同时,也不要穿裙子作业,一定要穿工作服,这样可以避免飞屑刺伤或烫伤身体。

(三)冲压加工岗位安全技能

在机械加工事故中,冲压加工造成的伤害比例最大,一般要占到机械加工事故总数的50%左右。因此,应高度重视冲压加工安全技术,严格遵守操作规程,熟练掌握冲压加工安全技能。

(1)改革传统手工冲压工艺方式,实现机械化、自动化冲压作业,保持人手模外作业。对于大批量生产作业,企业应通过技术改造,设备引进,实行机械化、自动化冲压作业。如采用自动化、多工位冲压机械设备,采用多工位模具与机械化进料装置,采用连续模、复合模等合并工序措施。这些先进工艺技术不仅能保障冲压作业人员的人身安全,而且能大大提高生产效率,提高产品质量。对于小批量、多品种的冲压作业,生产难于实现自动化、机械化,企业也应尽量采取安全辅助工具进料和清料,避免操作人员身体(主要是手)与冲床的冲压部件接触,应改革模具的定位、出件、清理废料等工序,使操作过程更为安全。

(2)经常维修和保养冲压设备,提高安全可靠性。企业应对老设备进行技术改造,修复或增加安全装置,确保冲压设备的安全运行,避免因为设备故障造成人员伤亡。

(3)安装防护装置。由于生产批量过小,在既不能实现自动化,又不能使用安全操作辅助工具的冲压作业中,企业应在设备上安装安全防护装置,以防止由于操作失误造成人身伤害。各种防护装置有各自的特点,使用不当仍然会发生伤害事故。因此,必须弄清各种防护装置的作用,以做到正确使用,保证操作安全。

8

# 做好职业防护，把职业危害减到最小

从某种意义上来讲，所有的职业都会对健康产生危害。因为长期处于同一种工作环境之中，哪怕微弱的不利因素长期影响，都会对人体的健康产生一定的影响。只不过因为职业的不同和环境的差异，影响也各不相同而已。

如果员工处于的是一些污染严重、职业危险程度高的环境，如粉尘、化学性毒物、高温高湿或是低温环境，就会引发职业病。做好职业防护，是减少职业危害最重要的措施，也是最有效的措施。

劳保用品是劳动者在生产过程中为免遭或减轻事故伤害和职业危害的个人穿戴的用品。是劳动者直接使用的基本保护用品，也是最普遍、最直接的防护手段，对安全生产工作具有重要的、不可替代的作用。如果缺乏或不正确穿戴、使用劳保用品，都有可能受到伤害而造成事故，因此，重视劳保用品的规范使用，有着重要的意义。但是，现实生活中，有的职工却并不重视自我防护，而是掉以轻心，无所谓，或者根本不作防护，这是很伤身体也是很危险的行为，一定要改过来才行。

有的职工嫌绝缘胶鞋不漂亮，将之束之高阁；有的职工将手套、口罩、工作服等“省”下来送人；有的天热干脆光膀子；有的手套磨得露出了手指还不舍得扔掉；还有的职工不按规定标准佩戴安全帽当你稍加留心，就可以看到身边这些不规范使用自己劳保用品的现象，这些看似“小事”，却给安全生产带来了隐患。比如，某地就曾发生过一起女工由于留着长发又未戴防护帽而使头发卷入机器之中，扯掉大半个头皮的惨烈事故，不能不引起我们的重视。

其实有很多安全事故，都是因为当事人没有按规定穿戴好劳保用品。

这应当引起广大职工的高度重视。自己的身体要自己负责,自己的安全得自己防护。减轻职业伤害、防范职业病的关键,还在于职工做好自己的职业防护,通过配备个体防护装备保护人体不受伤害。防范职业病危害,个体防护是最后一道防线,也是最重要的一道防线。因而,每一名职工都应当高度重视,做好自己的职业防护,保护自己的健康和安全。

(一)正确穿戴防护用品,保护自己少受伤害

做好个人防护,首要的就是严格按照规定、及时、正确地穿好防护衣物,戴好防护用品,让我们身处安全的环境之中,才能有效地把职业危害减到最小,保护自己少受伤害甚至不受伤害。要按照规定穿好防护服、戴好防护手套、穿上防护鞋、戴好安全帽、面罩、护目镜、护耳器、呼吸防护器、防酸、防碱、防毒用品等。要注意穿戴防护用品的正确方法,按照要求规范穿戴。

如佩戴安全帽时要注意:

1)首先应该检查安全帽的外壳是否破损,有无合格帽衬,帽带是否完好。

2)帽衬和帽壳不得紧贴,应有一定间隙(帽衬顶部间隙为20—50mm,四周为5—20mm)。

3)安全帽必须戴正。如果戴歪了,一旦受到打击,就起不到减轻对头部冲击的作用。当有物料落到安全帽壳上时,帽衬可起到缓冲作用,不使颈椎受到伤害。

4)必须系紧下颚带。当人体发生坠落时,由于安全帽戴在头部,起到对头部的保护作用。

特殊作业人员还要有特殊的防护措施,这关系到身体的长期安全,千万不可忽视。我们在下面将细述。

(二)有毒环境作业的防护要注意的事项

职业中毒是一种人为的疾病,采取合理有效的措施,可使接触毒物的作业人员避免中毒。

(1)根除毒物或降低毒物浓度,如用无毒或低毒物质代替有毒或剧毒物质。但不是所有毒物都能找到无毒、低毒的代替物,因此在生产过程中控制毒物浓度的措施很重要,如采取密闭生产和局部通风排毒的方法,减少接触毒物的机会;合理布局工序,将有害物质发生源布置在下风侧。

(2)做好个体防护,这是重要的辅助措施。个体防护用品包括防护帽、防护眼镜、防护面罩、防护服、呼吸防护器、皮肤防护用品等。毒物进入人体的门户,除呼吸道、皮肤外,还有口腔。因此,作业人员不要在作业现场内吃东西、吸烟,班后要洗澡,不要将工作服穿回家。

(三)预防职业性尘肺病

消除或降低粉尘是预防尘肺病最根本的措施。通过革新生产设备、实现自动化作业,避免操作人员接触粉尘;采用湿式作业,可在很大程度上防止粉尘飞扬,降低作业场所粉尘浓度;对不能采用湿式作业的场所,应采用密闭抽风除尘方法。作业中接触粉尘的人员,在作业现场防尘、降尘措施难以使粉尘浓度降至符合作业场所卫生标准的条件下,一定要佩戴防尘护具。防尘效果较好的有防尘安全帽、送风口罩等,适用于粉尘浓度高的环境;在粉尘浓度较低的环境中,佩戴防尘口罩有一定的预防作用。

(四)职业高温的防护要点

高温可使作业人员感到热、头晕、心慌、烦、渴、无力、疲倦等,可出现一系列生理功能的改变,高温环境下发生的急性疾病是中暑,按发病机理可分为热射病、日射病、热衰竭和热痉挛。主要防护措施有:

(1)改善作业环境。预防中暑的关键在于改善高温作业环境,使作业场所的气象条件符合国家规定的卫生标准。在高温班组内合理布置热源,避免作业人员周围受到热源作用。尽可能把各种加热设备置于班组之外。温度很高的产品应尽快运出班组,如果热源不能移动,应采取隔热措施。通风是防暑降温的重要措施,应加强自然通风,使班组内高温从高窗或气孔排出。班组屋顶可安装风帽,墙角可开窗加强通风。当自然通风不能将余热全部排出时,应采用机械通风。

(2)加强个体防护。高温作业人员应穿耐热、坚固、导热系数小、透气功能好的浅色工作服,根据防护需要,穿戴手套、鞋套、护腿、眼镜、面罩、工作帽等。

(3)采取必要的组织措施和保健措施。制定合理的劳动和休息制度,调整作息时间,采取多班次工作办法;合理布置工间休息地点;加强宣传教育,使作业人员自觉遵守高温作业安全卫生规程;定期检测作业场所的气象条件;实行医务监督,对高温作业人员定期进行体检;为高温作业人员提供清凉饮料。

(五)工作环境噪声和振动的防护要点

噪声对人体的影响是多方面的。长时间接触一定强度的噪声,会引起听力下降和噪声性耳聋。此外对神经系统、心血管系统及全身其他器官也有不同程度的影响,可出现头痛、头晕、睡眠障碍等病症,还可出现胃肠功能紊乱,胃蠕动减慢等变化。强烈的全身振动,可使交感神经处于紧张状态,出现血压升高、心率加快、胃肠不适等症状,还会患白指症,并伴有麻、胀、痛的感觉,手心多汗等。

为防止噪声、振动对身体的危害,应从以下三个方面入手:

(1)消除或降低噪声、振动源,采用无声或低声设备代替发出强噪声的设备,如以焊接代替铆接、锤击成型改为液压成型等;机械设备应装在橡皮、软木上,避免与地板直接接触;工具的金属部件改用塑料或橡胶,以减弱因撞击而产生的噪声和振动。

(2)控制噪声、振动的传播,如采用吸声、隔声、隔振、阻尼等手段。

(3)做好个人防护,如果作业场所的噪声、振动暂时不能得到有效控制,则加强个人防护是避免遭受危害的有效措施。如在高噪声环境中作业时,佩戴耳塞就是最便捷的防护方法,必要时应佩戴耳罩、帽盔。为防止振动病,作业场所要注意防寒保暖,振动性工具的手柄温度如能保持40℃,对预防振动性白指有较好的效果;合理使用个人防护用品,特别是防振手套、减振坐椅等。

(六)职业辐射的防护要点

(1)非电离辐射的防护。由于电磁场辐射源所产生的场能随距离的增大而减弱,所以在不影响操作的前提下尽量远离辐射源;避免在辐射流的正前方作业,可有效防止微波辐射。为防止辐射线直接作用于人体,合理地使用防护用品是十分重要的。穿戴金属防护服可防止射频辐射,穿戴微波屏蔽服、红外线防护服、防护帽、防护眼镜等可防止微波、红外线辐射。激光和红外线防护的重点是对眼睛的保护,除佩戴防护眼镜外,还要定期检查眼睛。

(2)对电离辐射的防护。作业人员要熟悉操作程序和安全操作规程,工作前应认真做好各项准备,如熟悉所用辐射性核元素的放射强度;工作结束后应及时清理用具,清除放射性污染物;在离开作业场所时应洗手或

沐浴。正确使用防护用品，如穿戴工作服、防护镜、口罩、面盾等。在放射性工作场所内严禁饮食、喝水、抽烟和存放食品。

(七)高处作业的防护要点

所谓高处作业是指人在以一定位置为基准的高处进行的作业。国家标准 JGB 3608—1993《高处作业分级》规定："凡在坠落高度基准面 2m 以上(含 2m)有可能坠落的高处进行作业，都称为高处作业。"

(1)高处坠落事故在建筑施工中经常发生，要避免此类事故，必须配齐安全帽、安全带和安全网，它们被称为建筑施工的"三宝"。

(2)高处作业人员，一般每年需要进行一次体格检查。患有心脏病、高血压、精神病、癫痫病的人，不可从事这类作业。

(3)高处作业人员的衣着要符合规定，不可赤膊裸身。脚下要穿软底防滑鞋，决不能穿拖鞋、硬底鞋和带钉易滑的靴鞋。操作时要严格遵守各项安全操作规程和劳动纪律。

(4)攀登和悬空作业(如架子工、结构安装工等)人员危险性都比较大，因而对此类人员应该进行培训和考试，在取得合格证后再执证上岗。

(5)高处作业中所使用的物料应该堆放平稳，不可放置在临边或洞口附近，也不可妨碍通行和装卸。

只有防护到位，安全和健康才能到位，才有保障。所以，掌握防护常识，提高防护意识，预防各种职业病，是保护自己的安全和健康的重要措施，一定不能"省"或是"忘"，而是"必须"、"正确"而且"规范"，安全才有保障。

9

# 重视职业健康，加强职业病预防和治疗

职业病是指职工在生产环境中由于工业毒物、不良气象条件、生物因素、不合理的劳动组织以及一般卫生条件恶劣的职业性毒害而引起的疾病。例如从事矿山开采、翻砂造型、玻璃、陶浇等作业的工人，因长期接触含二氧化硅粉尘而得矽肺；从事冶炼、蓄电池、铸铅字、铅制品等工人，因接触烟、尘而患铅中毒等等。现在还有各种新型的诸如“白领综合征”、“过劳症”、“办公室职业病”的产生，职业危害的范围越来越严重，危害也越来越广，职业病患者持续上升。

2006 年 4 月 25 日，在全国职业病防治通报会上卫生部发布“职业病高发行业的职工体检报告”。据报告统计，我国煤炭、化工、冶金、电力、建材、电子、轻工等几大职业病高发行业现有 4633952 名在岗职工，54%参加了 2005 年的职业健康体检，发现 134244 人有职业病。其中，几大行业现有职业病人人数分别为：煤炭业 68080 人、化工业 3375 人、冶金业 20280 人、电力业 3537 人、建材业 8020 人、电子业 704 人、轻工业 5492 人、其他 24756 人。

以北京市为例，近 3 年累计新诊断职业病病例 2635 例，是 2003 年至 2005 年职业病患病总人数的 1.37 倍。主要职业病有：尘肺病，包括煤工尘肺、矽肺、石棉肺，占全部新发职业病的 95%；职业中毒；以苯、汞、硫化氢、氯气、一氧化碳中毒最为常见；物理因素导致的职业病，以噪声耳聋、职业性眼病为主；职业性皮肤病，如接触性皮炎、化学性皮肤灼伤。

中国卫生部门公布的全国职业病危害重点人群的资料显示，目前全国涉及有毒有害品企业超过 1600 万家，接触职业病

**危害因素的人数超过2亿。全国仅尘肺病病例就达70多万例；全国每年因职业病造成的经济损失高达4000多亿元。**

如此庞大的职业病群体，让人触目惊心。但这并不是一种职业或是一种疾病。按照国务院卫生行政部门会同国务院劳动保障行政部门最新公布的我国的职业病分为十大类115种，包括尘肺、职业性放射性疾病、职业中毒、物理因素所致职业病、生物因素所致职业病、职业性皮肤病、职业性眼病、职业性耳鼻喉口腔疾病、职业性肿瘤、其他职业病等。还有一些随着近年来职业的变化和工作环境的改变，出现了很多新型的职业病，但都还没有进入这个法定的职业病量表里面来。一般而言，职业病只要早防早治，对身体的影响不会很大。但也确实有一些职业病是很危险的，甚至可以危害生命的。如尘肺病。所以，职工一定要有自我防护的意识，积极加强各种职业病的防护，切实防范职业危害，减少职业病的发生，更不能让职业病危害到我们的生命。

职业病的关键在于防。对于广大职工而言，做好职业防护，免受职业伤害，并在日常工作和生活中，及时预防职业病，讲究科学方法，运用现代医学，防范职业病的发生。特别是在工作中一定要严格做好防护工作，采用有效的防护用品，规范穿戴，正确使用，可以有效地减少伤害，预防职业病的发生。工作时多使用新材料、改进新工艺，多使用自动化作业技术，作业场所加强通风排气，任何时候都把防护放在第一位，并注意监测工作场所的环境情况，及时改善，同时经常性地进行职业健康检查，以全面了解自己的身体状况，早防早治，保证健康和安全。

一旦怀疑自己患上了职业病，应先到原工作单位取得职业史相关证明材料，再到单位所在地或者本人居住地依法承担职业病诊断的医疗卫生机构进行职业病诊断，该医疗卫生机构应由省级以上人民政府卫生行政部门批准。确诊后一定要及时进行有效的治疗，缓解职业病症状，防治职业病进一步恶化。

当然，不同的职业和岗位受到的职业伤害不同，引发的职业病也会不同。每一个职工平时应多学习与自己的工作和岗位密切相关的职业病防治知识，了解本岗位和工作职业病的预防方法和治疗措施，及时防范和治疗职业病，保护自己的健康和安全。

# 第七章

# 提高社会文明素质，团结友爱缔造和谐

社会文明程度是由公民的文明素质决定的。广大职工是社会的主体，是社会文明建设的实际承担者。因此，大力开展社会文明素质建设是职工素质建设工程的重要内容。

社会文明素质建设一般包括讲文明礼貌、平等友爱、团结互助、见义勇为、帮扶困难群体、维护民族团结、保护环境、遵纪守法等方面内容。提高职工社会文明素质，有助于缔造融洽的同事关系、良好的社会关系和和谐的生存环境。

1

## 讲文明有礼貌，互尊互敬爱护他人

所谓文明是同“野蛮”相对的，指的是人类社会的进步状态。它包括物质文明和精神文明，有时专指精神文明。文明是人类的最高境界，也是社会发展和进步的标志，更是一个人修养的外在体现。

礼貌一词，在中国古代指“礼仪”、“礼”、“礼节”等，是维护奴隶社会和封建社会的典章制度和道德规范。在社会主义条件下，礼貌是社会主义人与人平等友爱、互相尊重的新型社会关系的体现。因此，我们今天的礼貌一词是指人们在一切交往中，语言举止谦虚、恭敬，彬彬有礼。

文明礼貌是一个人基本的素质，也是一个职工修养和素质的体现，更是一个社会文明程度的基本表现，也是一个国家社会文明程度、道德风尚和生活习惯的真实反映。

任何一个文明社会，任何一个文明民族，文明礼貌都是人们自觉遵守的规范。因为文明礼貌是人类社会据以促进人际交往友好和谐的道德规范之一，是构建起与他人和睦相处的桥梁。它标志着一个社会的文明程序，反映一个民族的精神面貌，更反映着人们的基本素质和修养。

林东去日本旅行时，由于疏忽未办理国际长途业务，手机无法使用，索性关掉了手机，逃离平日随时响起的手机铃声，静享一个真正的、无琐事干扰的轻松旅程。令他惊讶的是，一路乘坐地铁、参观旅行、逛街购物、餐馆就餐，居然没有听到一声手机铃声、没有听到一人大声接打电话。心里不觉好奇：日本人的手机呢？

一次，林东雇用的当地司机征询导游美子，可否互留一下手机号码。美子爽快答应。当司机告诉完他的手机号码后，美子便把电话拨了过去。很快，司机挥着振动的手机说：收到了。下车后，林东问美子：你们怎么都喜欢用振动模式，是不是有专门的规定？我在日本没有听到一声手机铃声，是不是所有日本人都这样呀？美子笑着说：没有什么规定，这只是我们日本人的一个习惯而已。这样一来，手机铃声便不会影响到别人了嘛。

美子的话让林东恍然大悟，耳畔少了嘈杂的手机铃声干扰，也让他静心感受到日本人的“手机文明”和“手机素质”，相比国内的“手机文明”，林东不觉有些脸红。回国后，林东自觉将手机调到了振动模式。

在我们周围，不仅普通职工，很多领导也没有将手机调成振动的习惯，而且还故意把铃声开到最大声以免听不到，甚至有人开会时也会跑出去接打电话。还有更多的人已经习惯了在公共汽车、餐厅、飞机场等公共场所，拿着手机高谈阔论、口若悬河，或者大声叫喊他人，与他人争论，根本无视他人的反应。这些行为严重地破坏了大家和谐的工作和生活环境，是一种不尊重他人和不礼貌的行为，也是个人文明素质修养不高的表现。每个人都这样，我们每个人都受伤害。如果大家的文明素质都能提高一点，那么，相信我们的手机也会“文明”起来的。

文明礼貌是什么？其实就是人与人之间的互相尊重、理解、宽容和友好的一种表现，指人们约定俗成的在平常的工作和生活中为人处世所应当具有的谦敬礼让的行为规范，其本质是通过规范化的行为表达人与人之间的真诚、尊重、敬爱、友好、体谅。其最根本的本质就是尊重和关爱。

在一个多雨的午后，一位老妇人走进费城的一家百货公司，大多数的柜台人员都不理她。有一位年轻人走过来问她是否能为她做些什么。当她回答说只是在避雨时，这位年轻人没有向她推销任何东西，虽然如此，这位销售人员并没有离去，转身拿给她一把椅子。雨停之后，这位老妇人向这位年轻人说了声谢谢，并向他要了一张名片，几个月之后，这家店东收到了一封信，信中要求派这位年轻人前往苏格兰收取装潢一整座城堡的订单！这封信就是这位老妇人写的，而她正是美国钢铁大王卡内基的母亲。

当这位年轻人收拾行李准备去苏格兰时，他已升格为这家百货公司的合伙人了。

为什么这个年轻人比别人获得了更多的机会和发展？正是因为他对别人真诚的尊重和关爱。

一个懂得文明礼貌的人总是比那些无所谓的人能得到更多的机会和青睐。一个真正懂得文明礼貌的人，懂得从心里尊敬他人的人，也必定会赢得社会和他人的尊敬和认可。

文明礼貌是社会公共生活中人与人之间最基本的相处之道，举止文明以礼相待，这是最起码的处世要求，也是社会和谐的基础。对于职工而言，文明礼貌不仅是基本的素质和修养，也是职业道德的基本要求，是《服务公约》和《职工守则》的重要内容之一，更是职工个人发展的重要前提。只有一个讲文明、有礼貌，任何时候都真心真意地关心人、爱护人、尊重人的职工，才有可能受到更多的青睐，得到更多的发展机会，比别人走得更远。

如果你希望周围的人喜欢你，你希望自己的观点被人采纳，你渴望听到真心的赞美，你希望别人尊重你、重视你……那么你就应当先来尊重别人，重视别人，赞美别人。互尊互敬互相爱护，这才是文明的精髓。

有很多职工会认为，在自己工作的单位或是团队、集体或班组中，讲那些礼貌反倒生分了，没必要。这种想法就大错特错了。要知道，不管任何时候，礼貌的作用都同样巨大。

“早晨好！”

“您早！”

“您今天精神真好！”

看似简单的问候，传递的，却是同事之间的尊重和关爱。每天上班都能这样亲切礼貌地与同事相互问候一声，在微笑和愉悦中开始轻松快乐的一天，不仅是增强团队亲和力和个人行为调整取向的开始，也是我们保持一整天的好心情的保证。几句礼貌的问候，就能使我们更好地融于团队之中，与老同事更好地相处，在无形中消除相互之间不必要的误会、隔阂和可能存在的冲突。与新同事第一次见面主动地致以问候，能让新同事感受到企业的亲和力，更快地投入到工作中，而且也使自己的心情处于

轻松愉悦之中，更好地与新同事共事。何乐而不为？

真正的文明礼貌正是源于内心的一种自然外露，与身份无关，与地位无关，也与金钱无关。一个对富人优雅得体，对穷人却粗鲁无礼或者一个对上级领导恭敬有加、对下级或是街头流浪汉就趾高气扬的人，归根结底，是没有文明礼貌修养的鄙俗之人，算不得真正的文明人。

一次一位普通的英国青年，很偶然地遇上了旅途休息中的英国女王，虽然事出偶然，但他却举止极其优雅得体，平淡从容。事后，旁人问他怎么能在遇见女王时那么老练平静，他笑道，我对任何人都只有一套礼貌。

这个英国青年才是真正懂得礼貌的真义的人。对于一个真正懂得礼仪的人而言，对于任何人，他都是相同的礼貌标准，不会见到女王就俯身弯腰，见到其他的人就趾高气扬，他们对于任何人都会一样地尊重，一样地彬彬有礼，所以，他们在任何地方都可以优雅得体，从容大方。

真正的文明礼貌，是从心底里对别人的尊重和爱护，是一个人天生的良善之心和后天教育和修养的自然流露，而绝不是故作姿态的表演。真正文明素质高的人，在任何时候、对任何人都表现出文明礼貌。所以，文明礼貌体现的，不仅是一个人的思想道德水平，也是一个人内心的善良和文明的最好展现。

广大职工作为社会成员大家庭的重要组成部分，如果能全面提升自己的文明素质，人人讲文明有礼貌，互尊互敬，爱护他人，我们的工作环境和生活环境必然都将大大改善，我们的工作也就更快乐，我们的企业也必然发展得更好，我们的社会也必定更加和谐、更加美好。

2

## 重情义有爱心，互帮互助促进社会和谐

自古以来，有情有义，互帮互助，互相关心，互相爱护，就是中华民族的传统美德。《易经》中言：二人同心，其利断金；《孟子》中语：天时不如地利，地利不如人和；民间名谚更直白："轻霜冻死单根草，狂风难毁万木林"。所有这些，都是对我们互帮互助美德的最好诠释与礼赞。

人在社会中生活，人与人之间的情义和爱心，互帮互助的义气，互敬互爱的真情，感动了一代又一代的中国人，也激励着一代又一代的中国人。新的时代，新的环境，这样的美德依然是最受社会尊敬、最受人们推崇的高尚行为。

入选"中国网事·感动2010"年度人物的维吾尔族"慈善家"阿里木，8年间卖了30多万串烤羊肉串、攒了10多万元，用满是烤羊肉串味道的"辛苦钱"，资助了上百名贫困学生，并在贵州毕节学院设立了助学金。阿里木的感人故事一经网络视频形式推出，就在全国网民中引起强烈反响，感叹其助人为乐可嘉，赞佩其人间真情可贵。

重情义，有爱心，帮人助人，不仅是传统的美德，也是社会素质水平的体现，更是职工素质的表现。人人都能秉持互帮互助、重情守义的道德素质，社会必然会变得不一样。

和阿里木一样，还有一位普普通通的"好人"丛飞，也以他高尚的美德和对别人深厚的情义和爱心，让人们永远记住了他：

丛飞，一名普通的青年歌手。8年间，为助残、助学、赈灾义演达300多场，义工服务达3600小时，资助178个贫困孩子，捐献300多万元帮困扶弱。自己却始终过着清贫的生活，一家挤在58平方米的简陋小屋。卧于病榻之上，仍然不忘贫困山区的

孩子和残疾人。

是什么样的力量，使丛飞不间断地向社会、向他人奉献一片赤诚？是爱。丛飞用一颗爱的心灵，谱写了一曲爱的颂歌。

“我不能成就整个世界，却可以尽我所能成就一些孩子。”这是丛飞做义工的一句名言。“只要你快乐，只要你幸福，只要你圆上好梦，我就不辛苦。只要你开心，只要你如意，只要你回头一笑，我就很知足。”这是丛飞自作的歌词。他这样说，这样唱，这样向需要他的人播撒真挚的爱。

他曾经两手空空，露宿街头。但凭着对艺术的热爱，他刻苦钻研，精益求精，以出色的男高音和小品、口技等多方面的艺术才华，赢得观众的喜爱。执著追求事业，打牢艺术根基，使他有能力去爱更多的人；情系义工工作，倾力奉献爱心，使他的人生有了更丰富的内涵。

爱人者，人爱之。丛飞用爱心感动社会，社会也用爱心温暖丛飞。他在劳苦奔波中落下病根，身患胃癌，已是晚期。他把钱物捐给了他人，欠下不少债务，以致没有钱来治自己的病。但他患病的消息传出后，世人的尊重、关心、牵挂与祝福，如潮水般涌向他。

虽然最终，人们的爱心没能战胜无情的病魔，丛飞去世了。但他崇高的品德和无私助人的情怀永远留在人们的心里，并激励着更多的人贡献爱心，帮人助人。丛飞被誉为“爱心大使”，但他更是爱的传递者。爱是一条流动的河。丛飞的爱心，感召了更多的人。千万个默默奉献的“丛飞”，正在把这场爱的接力棒传下去！让爱在传递中更加壮大，让社会在爱心中更加和谐。这是一个普通青年给予我们的财富，也是我们这个时代的希望。

“一个人原来可以这样活！”丛飞的出现让许多人开始重新思考人生。丛飞的身上，折射出了一个普通青年对人生、理想独特的价值取向和追求，他高扬的激情和理想，他担负的责任和道义，体现了我们这个民族扶贫济困的传统美德，展示着我们这个时代助人为乐的高尚情怀，反映了一代青年人勇于担当的思想境界。

赠人玫瑰，手有余香。丛飞的坚持让我们知道，一个人应当也可以为他人做些力所能及的事，不在于是否有丰厚的物质条件，不在于是否有特别的能力，关键是要有一颗关爱他人的心。丛飞的追求让我们深思，一个真正意义上的有为青年，不仅要有敢拼敢闯、全面发展的创造力，更要有崇尚奉献、回报社会的责任心。丛飞的经历也告诉我们，只要真诚地付出，只要对他人和社会无私地给予，就一定能够有所获得、有所回报。人生在世，爱心不可或缺，情义不可缺少。正如俗语所说"一根筷子易折断，一捆筷子抱成团"、"众人划桨撑大船，众人拾柴火焰高"。互帮互助、互相扶助、奉献爱心更是至关重要，它不仅是促进社会发展和进步、打造和谐社会的重要内容，也是社会素质的完美体现。

有没有团结互助的道德风尚，是判断一个群体是否健康、一个社会是否和谐的重要标志之一。继承中华民族优良的传统文化，很重要的一个方面，就是弘扬团结友爱、互帮互助的美德。我国素以"礼仪之邦"著称于世，有着悠久的讲"仁爱"、行"友善"、重"人和"的传统美德，新一代的职工理所当然应该传承这些传统美德，为构建和谐的企业、和谐的社会而出力。

## 3 重视同事关系，和睦相处真诚合作

作为一个职工，同事关系无疑是每一个人都必须面对的、逃不开躲不掉，却又至关重要的一种关系。因为同事占据了你生命中最重要的部分，即使你不加班，一天也有 8 个小时和一班同事在一起。关系融洽，心情就舒畅，这不但利于做好工作，也有利于自己的身心健康。倘若关系不和，甚至有点紧张，那就没滋没味了。同事关系的好坏，往小了说，会影响你的工作心情和工作效率，往大了说，更会影响你的事业成功和前途发展。

这绝不是危言耸听,而是绝对可能的事实。所以,一个现代职工,绝不能不在意同事关系,更不能把同事关系不当回事,而应当认真对待,精心经营,才能使这种重要的关系真正成为你事业和生活的最佳驱动力。

要想和同事友好相处,最基本的一条就是平等。不管你是职高一等的老手还是新近入行的新手,都应绝对摒弃不平等的关系,心存自大或心存自卑都是同事间相处的大忌。只有从内心深处把所有的同事和自己都放在同一个平台上的人,才能真正处理好同事间的关系,让同事间友好和睦,团结共赢。

每个人的工作都需要得到同事的支持和认可而不是反对,和谐的同事关系对工作无疑大有裨益,所以与同事相处要真诚,虚情假意谁都会明白,没有人愿意与这样的人相处的。所以不妨将同事看作工作上的伴侣、生活中的朋友,千万别在办公室中板着一张脸,让人们觉得你自命清高,不屑于和大家共处。而要亲切随和,随大流。到一个新的工作环境,千万不能自卑退缩,被动地等别人来理你,而应该有一种愿意主动"凑热闹"的态度,别人在玩,你可以欣赏,别人聊天,你可以倾听,然后找机会加入;学会观察大家的共同话题和兴趣,自己也要学习一些常识和技巧,和别人有了共同的活动乐趣,才有可能共享快乐。这所谓先讲共性,再求个性,而不能反其之;在和大家一般交往中寻找价值观较为接近的人成为好朋友,形成自己的社交圈子。也有一种情况,有的人由于性格问题,就是不喜欢自己周围的人,因看不惯别人而不愿意与别人交往。这样使得自己的交际圈子越来越小,性格也就变得越来越孤僻。每个人都愿意成为一个让别人喜欢的人。然而让别人喜欢和喜欢别人是互为因果的事,周围的人你都不喜欢,你一定为周围的人所讨厌,所以,改变一下态度,先学会喜欢别人,只要你善意地、真诚地去对待别人,就一定会发现别人身上的魅力所在。善意地欣赏别人,赞扬别人,定会有意想不到的收获。

不妨经常和同事们一起去参加各种活动,对每一个同事都不忘记礼貌,时常关心同事的生活,同事有困难不妨伸出援手。你要使大家觉得,你不仅是他们的好同事,还是他们的朋友,当大家都这样觉得时,你就是所有的人的好朋友了。

要注意培养与同事之间的感情,尽量去适应同事们,把自己看成他们中的一员,时时处处与他们保持一致。多跟同事分享对工作的看法,多听取和接受他人的意见,时间久了你才能获得他人的接纳和支持,相处就会融洽起来。

一只乌鸦在觅食时看见一只猫头鹰飞了过来。大白天见到猫头鹰真是一件怪事,于是乌鸦便问道:“猫头鹰老弟,你怎么这么匆忙,要赶去哪里呀?”

猫头鹰说:“我呀,正在搬家呢!我要搬到西边的树林里去。”

乌鸦感到不理解,便问:“好好的搬什么家呀?”

猫头鹰回答说:“你哪里知道我的苦衷啊。我喜欢在夜里唱歌,东边的动物都讨厌我。它们嫌我不睡觉,还说我的歌声难听,吵得它们不能安心睡觉。我不跟它们一般见识,所以就主动往西边的树林里搬。”

乌鸦一听明白了,于是对猫头鹰说:“你就是搬到西边的树林里,不久还会被再一次赶出来。说起来咱俩的遭遇还真有点相似,我以前也爱唱歌,虽说不像你那样在夜里唱,但也同样得罪了不少动物。后来我想明白了,这不怪它们,错全在我自己。就拿你来说吧,你本来可以白天工作,晚上睡觉,和其他动物一样。如果尝试过后觉得不行,你还可以在晚上不唱歌了,真是一时嘴痒想一展歌喉,那就尽量唱一些轻柔好听的歌。如果这三个本质问题能得到解决的话,你就会受到欢迎,根本用不着到处搬家。”

乌鸦真是聪明,轻轻几句话就道破建立良好人际关系的真谛。其实要处理好同事间的关系,真诚、宽容、友好、适应别人,就是最重要的秘诀。

要注意培养与同事之间的感情,就尽量去适应同事们,把自己看成他们中的一员,时时处处与他们保持一致。多跟同事分享对工作的看法,多听取和接受他人的意见,时间久了自然能获得他们的接纳和支持,相处就会融洽起来。还还可以通过兴趣爱好与同事进行交往,逐步建立友谊,并得到帮助和支持,从而建立起良好的同事关系。

在工作中,我们常会对有的人抱有成见,不想理会他,不想和他交往。可是,为了工作,又必须与之来往。不仅要能与自己脾气相投的同事来往,更要能与自己性格迥异、爱好背离甚至文化程度不同、年龄悬殊者友

好相处。工作上产生的人际关系，不能从“择友而交”这个角度考虑，而应当从工作需要去考虑。

人们都有自己的兴趣、习惯以及不同他人的生活方式、思维方式。和你不喜欢的人交往，心理上难免出现障碍。你既然不能避而远之，就必须正视并设法寻找解决问题的方式。

克服这种心理的办法是：要心胸开阔、宽容，消除偏见，并积极寻找对方的优点，然后，主动和他接触。这种接触的核心是为了公司利益，出于这种目的，必须把情感因素、个人好恶放在一边。在相处时理解对方、容纳对方、求同存异。

企业是一个最需要协同作战和通力合作的地方。世界著名管理大师德鲁克说：“企业成功靠的是团队而不是个人。”这句话说到了现代企业的关键。一个人打赢一场战争的时代早已一去不返了。作为个体，你可能会凭借自己的才能取得一定的成绩，但你绝不会取得更大的成功。只有善于合作，把自己融入到整个团队当中，依靠集体的力量，才能把个人所不能完成的工作任务完成。团队的力量是巨大的。团队的力量大于个人力量之和，一加一等于二，这是人人都知道的算术。可用在人与人的团结合作上，那就不再是一加一等于二了，而可能等于三、等于四、等于五……合作就是力量，合作才能共赢。在现代社会，早已没有全能的个人，只有完美的团队。因为有很多事情必须依靠团队里每一个成员相互协作、共同努力才能完成。许多职工总是抱怨自己怀才不遇，感慨工作环境不好而频繁跳槽的人，都缺乏合作意识和团队精神，不能把自己和谐地融入团队是他们失败的根本原因。

有一位能力很强的员工，在一次与客户的谈判中表现突出，为公司创造了良好的效益，并受到总经理的高度赞扬。这次谈判使他感觉自己能力超群，总经理的赞扬使他觉得自己非同一般。在日常工作中，他开始不和同事们交往、沟通，一副自高自大、目中无人的样子，在公司里独来独往。

这位员工的态度使得同事们渐渐疏远了他，谁都不愿意与他合作。于是，他成了被孤立的人，在许多事情上都陷入极其尴尬的境地。后来，由于他判断失误给公司造成了巨大的损失。同事们的讥笑、总经理的恼怒，使他无法再继续待下去，他很不体面地辞职离开了公司。

自以为是的人，往往不易融入团队，因为他们自我感觉良好，不愿与别人合作。但如果他们总是这样一意孤行的话，不但会使自己孤立，也容易被倡导“团队精神”的现代社会所抛弃。

很多员工都具有团队意识和合作精神，但总是无法与同事很好地协作，特别是一些刚刚工作的员工，更是因为这个而深深苦恼。其实，要与同事建立完美的协作关系，秘诀只有一个：真诚。真诚是天底下打开心门的唯一一把钥匙。真诚的心是在职场、在官场甚至在所有的场合都畅通无阻的万能通行证。与同事的合作也是一样，如果拥有的是真诚，一定会得到真诚的回报。如果你拥有真诚，并用真诚之心对同事，用真诚之心对工作，你的工作就会如鱼得水，一路顺风。

4

## 爱护环境卫生，减少环境污染

环境问题，是当前国际社会普遍关注的热点问题。近年来，黄河的长时间断流，沙尘暴的频频发生、长江中下游地区干旱洪涝等一系列环境问题所带来的危害，使人们越来越清醒地认识到：环境和资源是人类生存和发展的基本条件。能不能有效地保护环境，关系到每个公民的生活质量和切身利益，关系到人们的安居乐业，关系到我们的子孙后代能否持续发展。因为环境污染会造成相当严重的后果。

1996年10月的一天，美国动物生态学家科学考察团一行7人，来到了亚马逊河下游的原始热带雨林。

他们来到了一个池塘边休息时，突然发现了一队奇妙的小动物，是他们从来没见过的青蛙。它们背部大部分是通红的，而

且上面的红色如同涂上厚厚的油漆一样,色彩浓厚,极其艳丽,如同鲜红的火焰!最奇妙的是它们的背部末端还有一条如同白线一样的尾巴。尾巴的末端还长着一队圆圆的黑色球状物。他们把这种青蛙叫“血蛙”。

一名考察队员摸了摸小东西,忽然,黑色的墨汁从黑色球里喷出来,直射他的眼睛。这名考察队员昏死过去了,等其他队员救醒他时,他已经双目失明。

再往前没走多远,考察队员又被一群巨蛙包围住了。它们像脚盆一样大,浑身金色,除了乌黑的眼珠之外,没有任何杂色。它们从嘴里喷出一种黏黏的液体,许多队员粘到后皮肤腐烂,痛苦异常。

这是以往从没在亚马逊流域见到过的蛙类,这么可怕的蛙类是从哪里来的?后来的考察证明,这是因为环境变化和污染引发的后果!在这一带有害的重金属含量惊人,一直生活在这里的青蛙已经变异成了可怕的怪物!

这就是环境被破坏后的恶果。所以,保护环境,减少污染,不论是对地球还是对人类,都相当紧迫。环境保护已成为当今世界各国政府和人民的共同行动和主要任务之一,我国则把环境保护宣布为我国的一项基本国策,并制定和颁布了一系列环境保护的法律、法规,以保证这一基本国策的贯彻执行。

保护环境主要有以下三点:一是防治由生产和生活活动引起的环境污染,包括防治工业生产排放的“三废”(废水、废气、废渣)、粉尘、放射性物质以及产生的噪声、振动、恶臭和电磁微波辐射,交通运输活动产生的有害气体、液体、噪声,海上船舶运输排出的污染物,工农业生产和人民生活使用的有毒有害化学品,城镇生活排放的烟尘、污水和垃圾等造成的污染;二是防止由建设和开发活动引起的环境破坏,像围湖造田、大型工程等;三是保护有特殊价值的自然环境,包括对珍稀物种及其生活环境、特殊的自然发展史遗迹、地质现象、地貌景观等提供有效的保护。

现在很多企业是唯利是图,根本不顾及后果,环境被严重污染,而我们很多职工也睁一只眼闭一只眼,认为只要别人不把污染物直接泼到自己身上就跟自己无关了。其实这是一种十分狭隘和短视的想法,被人类污染的环境迟早也会污染人类，部分环境污染严重地区的癌症多发、胎儿畸形就是一大说明。我们要更好地保护我们美好的环境，就要从我做起，以家庭单位为原子，以企业单位为分子，人人有责，人人负责，充分重视和行动起来，环境才会有所改善。

保护环境，减少污染，首先要增强环保意识，这是环境保护的根本。要摒弃那些“天空那么大，放点烟气算什么”；“江河这么多，排点污水算什么”；“天地这么广阔，有点噪音算什么”的错误认识。每一个公民都必须明白，“我们只有一个地球”，在经济发展过程中我们不仅要“金山银山”，更要“绿水青山”。

其次，要树立“保护环境，人人有责”的观念。要明白保护环境需要全社会每一个人的努力。我们生存在环境之中，每个人的一举一动都会影响到环境。不乱扔垃圾；不随地吐痰；不破坏绿化；不乱写乱画；不制造噪声；不乱停车辆；不随地便溺，少使用一次性用品，节约用水、用电、用物。这些事都是简单不过的小事，很容易就能做到，但如果人人都能做到的话，我们的环境就会大为改观。

第三，要强化节能减排，治理污染。推进落后产能梯次淘汰，坚决压减高耗能、高污染项目，推进节能减排技术创新应用，减少污染排放，抓好污水处理，推进产业结构转型升级，大力发展清洁生产。减少污染要严格整治污染。继续加强污水综合治理，积极实施以“清洁家园、清洁水源、清洁田园、清洁能源”为主题的农村环境综合整治工程，努力争取国家环保模范城市。

第四，还应积极参加植树造林，保护绿化成果。因为树木是大自然最好的朋友，也是环境最好的卫士。树木不仅可以绿化环境，美化生活，还能够净化污染，还我们一个清洁的地球。所以，植树造林是很好的保护环境的途径。每一个职工都应积极参与造林绿化。

作为企业职工，我们的日常工作和生活包含着保护地球环境的多种可能性。比如在工作节能降耗，减排增效。有时候只需小发明小革新就有可能带来大改变，使“三废”减少，节约更多的能源；改进生产工艺，就有可能变废为宝，循环利用；不放过工作中的任何细微的跑冒滴漏现象，杜绝任何浪费，勤俭节约，节水节电，都是对环境做出的巨大贡献。生活中我们只要注意低碳环保，就能处处低碳环保。倡导垃圾分类处理，少用有

磷洗涤剂，不用一次性餐具，拒食野生动物等，少用私家车，少坐飞机，多关心环境，积极参加环保活动，节水节电节气节物，少一点消耗就少一份排放；衣食住行用，处处都能做到低碳；废物再利用垃圾全分类，举手之劳也能成为低碳功臣……只要你愿意，改变高碳生活习惯，养成低碳生活习惯，就能为改善地球环境、降低排放出力。

保护环境，人人有责，保护环境，也人人有力量。一个人一份力量，全球 60 多亿人每人一份力量，相信再差的环境也可以逆转。每一个职工都从自我做起、从现在做起、从小事做起，保护环境，减少污染，就能让我们的水更清、天更蓝、山川更秀美，环境更美好。

## 5 多做好事，不以善小而不为

帮人助人，多做好事、善事，也是中华民族的传统美德，更是今天社会对每一位公民的素质要求，也是职工社会文明素质的具体表现之一，更是促进社会和谐、体现社会温暖的重要方面。一个善良的人，一个愿意帮助别人的人，不仅能让自己活得安心快乐也会因为他的善良和好意使社会更加精彩。

雷锋，一个普通的名字，在 960 万平方公里的中华大地上，已经延绵不断地传颂了整整 50 年。他以 22 载短暂的人生和平凡不过的经历，将最有价值的生命内涵塑造成光华四射的人生坐标，感动着一代又一代后人尊重他、敬仰他、学习他、追随他。

雷锋被人们认为是可敬的“傻子”，孩子们心目中的知心人，连里的模范班长，全社会公认的道德模范，“做好事”的代名词。他出身贫寒、阅历不深，年龄不大，但他却有一颗善良之心，不怨天，不尤人，事事为他人所想，为他人所急，处事谦虚谨慎、为人和蔼可亲。在雷锋短暂的一生中，做的好事数不胜数。“出差一千里，好事做了一火车”，他看到眼瞎的老婆婆，他会上去扶一段；他碰上别人推不动的车，他会跑上前帮着推一把；他看到饥饿着的人，他会立刻把自己的干粮分给他一份；他帮着孤寡老人挑水、担柴，他陪伴小学生读书、游戏，他看到迷路的人就指路，他看到伤心的人就劝慰……随时随地，任何地方、任何时间、不管面对任何人，只要看到别人有困难，只要自己能帮助别人，雷锋就毫不犹豫地帮别人，哪怕是微不足道的小事！

雷锋出一趟差，好事做了一火车；雷锋到一个地方，好事就做到一个地方。雷锋的善行感动了千千万万人，雷锋的精神感染了一代又一代人。50 年过去了，雷锋，依然是矗立在中国人民心中的精神偶像，依然是所有中国人最崇拜、最欣赏、最敬重的平民英雄，是千万人学习的道德楷模，是“助人为乐”、“无私奉献”、“做好事”的代名词。半个世纪以来，雷锋精神，感染和教育了几代中国人。雷锋精神是一面永不褪色、永放光芒的旗帜。

50 年来，雷锋从来不曾远去，也没有消失，他的名字与精神没有随着岁月的流逝而褪色，也没有因社会的变化，或者随着市场经济的发展而弱化，雷锋精神一直是时代最伟大也最需要的精神，雷锋精神依然在被无数的人发扬光大，一代又一代“活着的雷锋”使我们的世界变得更加温暖，更加美好。

“最美妈妈”吴菊萍挺身接住坠楼女童，“最美女孩”在风雨中为乞丐撑起雨伞，“最美女孩”刁娜用自己的一条腿换回一条命，“爱心妈妈”陈贤妹救起了小悦悦，“最美老师”张莉丽用自己的双腿换回了学生们的生命，“最美司机”吴斌用自己的生命换回了一车乘客的生命……他们都是雷锋，他们是把雷锋精神实践在自己的一举一动中，落实在岗位工作中，也把道德品质传播到社会的各个角落的时代英雄。

2011 年 7 月 2 日，杭州白金海岸小区，两岁女童妞妞从 10 层高楼坠落。这一瞬间，邻居吴菊萍踢掉高跟鞋，伸出双臂接住了孩子。这个发自本能动作，令她当场昏迷，左手臂多处骨折，但却挽救了 2 岁妞妞的生命。这惊险的一幕，这个普通却展现

出无限的爱和善良的动作，却同时感动了亿万人，网友们赞誉吴菊萍为“最美妈妈”。

2012年5月8日20时38分，黑龙江省佳木斯市胜利路第四中学门前突然发生四车连撞车祸，在威胁逼向放学的学生的危急时刻，第十九中学的女教师张丽莉，猛地推开2名学生，自己却被压在到车轮下，双腿被碾断，生命垂危。她的事迹同样感动了千千万万的人，人们把无尽的关心送到她的身边，她成为人们心目中的“最美教师”！

2012年5月29日中午，杭州长运集团司机吴斌驾驶从无锡开往杭州的大客车，在途经沪宜高速路时，突然有一铁块从空中飞来击碎车辆前挡风玻璃，再砸向吴斌的腹部和手臂，导致吴斌肝脏破裂及肋骨多处骨折、肺、肠挫伤。但危急关头，吴斌却没有忘记自己的责任，他忍住剧痛，将车停下，开启双闪灯，挣扎着告诉旅客小心安全，然后打开车门让车上24位旅客下车，他却因伤势过重瘫坐在椅子上。6月1日凌晨，吴斌因抢救无效去世，享年48岁。然而，发生在高速公路上的这一幕，却感动了亿万网民，吴斌被赞为“最美司机”。

……

感动每天都有，好事随处可见。雷锋精神，不仅仅是一种精神，而且是一种道德，更是一种向上的风气，还会影响和塑造一代人又一代人。雷锋精神正化身为千千万万个雷锋，就在我们的身边，甚至就是我们自己。

善心人人皆有。所谓“人之初，性本善”。只是部分人对做好事有一种错误的理解，把做好事也想得复杂了，觉得要么不做，要么就做件大好事，小帮小扶则不屑于为。只是有一些人不屑于做小事，觉得要做就做大事。我们经常听到这样的话：“等我中了500万，便捐一半给希望小学。”又或者：“我现在也没钱，捐那一点点也没什么用，等我以后有钱了，一定热心慈善。”其实，行善事、做好事并不是需要你有多大的本事，多高的地位，多丰富的钱财才可以办到的事，也并不需要你中了500万以后再来开始，更不需要你有了足够的钱再来表达你的善心，最平常的日子里最平常的事情一样可以表现你的善心，可以献出你的力量。

比如在拥挤的公交车上，给站立不便的老人或抱孩子的妇女让座；在超市排队时让老人先买单；对别人的帮助真诚地说上一句“谢谢”；碰上小贩拉着人力车上坡时帮着搭把手推一下；有人不认得路哪怕没问你也指一下；给在冰冻天气中困在高速公路上的司机们送去食物和水；把昏倒在路边的病人送到医院；抽时间去看望孤巢老人；给贫困地区的孩子捐赠学习用品；少开车，为城市环保做出自己的善举；公共场合不抽烟避免二手烟危害他人健康；劝一劝那些心灰意冷的人；帮一帮那些穷途末路的人；鼓励鼓励那些徘徊犹豫的人……这些小小的善举，不过举手之劳，有时甚至只需要一个真诚的微笑，一个善意的眼神，但就是这些看起来是那么微小，微小到很容易让人忽视，甚至不屑于去做的小小的善举，却足可以让别人感受到人与人之间的真情，感受到社会的关爱和温暖，感受文明的魅力和力量，甚至改变别人的一生。也许是你的一句善意的鼓励，将使一个对学业失去勇气的孩子成为发愤图强，积极向上的好学生；也许是你的一个温暖的微笑，使一个准备轻生之人停下了走向死亡的步伐，体会到人世间的温情；也许是你的一个习惯性的动作，捡起了地上的一张纸屑，让我们的外国朋友了解到中国人民的好习惯，维护了国家的尊严；又也许是你的一个友善的举动，把阴井盖盖好，使路人避免了受伤的危险…… 所以，请不要吝啬你那些小小的善举，说不定有人就因为你而有了不一样的生活。

做好事并不是要求你做大事，不管这件事多么微小，多么不起眼，多么不引人注意，只要你去做了，就是一善，就是在做好事，就是在积善成德，就能体现出你的素质和修养，就能体现出社会的文明程度和文明素质。

古代有位叫葛繁的好人，在他的一生中他坚持日行一善，每天都做一件好事，从来没有断过，受到了人们的尊崇和景仰。后来他升了官，当上了太守，有人去请教他，怎样才能做到“日行一善”呢？

葛繁顺手就把路边倒下的一把凳子扶了起来，回答说：“比如这里有条板凳，倒在地上了，碍人走路，就弯腰把它扶正放好，这就是一件善事啊。”

好事不怕小，再小的好事也一样具有温暖的力量。所以，别以善小而不为，而应当肯为、力为、常为。善事不怕小，只要去做了，就有可能是大好事。

举世闻名的哈佛大学是现今世界上著名的高等学府，位于

美国马萨诸塞州的波士顿剑桥城，至今已培养了30多名诺贝尔奖获得者，20多名普利策奖获得者和几位美国总统，还有一大批美国政界商界等各领域的名人要员，世界首富比尔·盖茨也曾是哈佛的一名肄业生。

这所全球著名的大学成立于1836年，原名为剑桥学院，1837年，年仅29岁的英国人哈佛来到了这所学院，成为一名教员。但他一直患有肺病，至1838年9月，哈佛终于因肺病而去世。根据哈佛的遗嘱，将他一生收藏的400套书和750英镑全部捐献给学院。

虽然这些对当时的生活水平和藏书来说，算不得什么，政府每年拨给剑桥学院的款项也就400英镑，但在当时美国处在迅速发展的关键时段，人们大都关心着经济的利益和发展，而哈佛站得更高，让人们注意到了文化教育领域，并被逐渐重视，美国也就从那时候开始，非常重视对文化教育的投资和捐献，这种习惯和氛围一直被一代一代的美国人和外来移民者所接受继承。当时的马萨诸塞州政府考虑到哈佛所带给美国的一种精神，便将当时的剑桥学院改名为哈佛大学，以纪念哈佛所推动的一项事业和为此做出的贡献。

哈佛可能自己也没有想到，自己的一个小小的善举，却可以带动一种美国精神，他更不会想到哈佛大学会以他的名字命名，而成为世界上一个著名的、令人向往的学习成长殿堂。

"不以善小而不为，不以恶小而为之"，一点一滴小小的行动，日积月累便会有无穷大的变化。任何人，只要有心去做，坚持"日行一善"，我们的社会必然变得大不相同，我们的素质也会大为改观。

所以，别以善小而不为，任何时候，做好事、行善举都是必要的。不要认为小小的善举不值一为，不要认为日常的好事不值一提，要知道一个关心的眼神也有足够的温暖，一个浅浅的微笑也有动人的力量。小的善举，也能换来谅解、和睦、友谊，换来社会的和谐，换来大家的舒心，何乐而不为？

若是每个人都能做好事，每天都能做好事，那我们的社会必然越来越文明，生活必然越来越美好，世界必然越来越温暖。

# 6 遵纪自律，勿以恶小而为之

社会文明的一个最重要的标志就是有秩序。比如买票要排队；走在马路上要遵守交通规则；甚至我们平时的一举一动都受到一定的要求和约束，否则任何事情都毫无秩序可言。越讲究秩序的社会，文明程度越高。而秩序是需要法规和纪律来维护的。因而，遵守法律法规，恪守社会规则，严格自律，是现代职工的重要素质之一，也是现代文明的最重要的标志。

一位赴澳大利亚谈生意的人，讲了他在澳大利亚的一件事，初到澳大利亚时，几位在澳经商的朋友为他接风。席间，经不住大家的劝说，东道主（一位澳大利亚人）和别人一样觥筹交错，聚会结束时，所有的人喝得都有八九分醉意了。大家都是开车来的，怎么回去？一个已经醉了的朋友抢着说自己能开车，但东道主坚决将他拦了下来，并拿起手机打了报警电话："我们几个人在饭店喝醉了酒，请帮忙送我们回家。"朋友正在疑虑，来了两个警察，"刷"地敬了一个礼，恭恭敬敬地说："谢谢你们对公众安全的关心，请问诸位住在哪里？"问明白以后，警察接过几个人的车钥匙，把他们的车停在了停车场，然后交还了钥匙，用警车把他们送了回去，一路上警察再三感谢他们对公众安全的关心。

也许我们在国内会觉得这样的警察太难得，但对于一个社会公民这种自律精神、责任精神和规则意识理应得到尊重和赞美。

自律不仅是古今中外共同尊崇的美德，也是一切美德的根本，是所有品格的精髓，更是一种准则，是一个人素质的最高境界。那些光耀千秋、德彪后世的伟人，无一不是自律的楷模。

古希腊最伟大的思想家苏格拉底被雅典的"当权者"以对神

不敬等罪名逮捕，并判处他极刑。苏格拉底的学生们都为他抱不平，纷纷为他们最敬爱的老师据理力争，最后，他的学生们策划了一次越狱，而且万无一失，绝对能把苏格拉底救出去。

但是，苏格拉底却说："我的信仰中有一条就是法律的权威，既然法律判处我极刑，作为一个好公民，我必须去遵守。"他的学生们怎么劝也没有用，苏格拉底最终带着对法纪的忠诚和高度的自律含笑饮下了毒药离开了人世，但他的思想却流芳百世。

自律是什么？就是针对自身的情况，以一定的标准和行为规范指导自己的言行，严格要求自己和约束自己。自律讲究的是一种自我的约束，是不需要监督、不需要强制的一种自觉自愿的行动，是不管有人还是没有人，都能提醒自己、克制自己、管住自己的一种出自内心的力量。懂得自律的人，不论在任何时候都会恪守规则，谨守底线，遵纪守法，约束自己，不做任何有违道德、有违规则、有违纪律、有违良心的事情——哪怕只是扔下一点垃圾这样微小至极的事情。

古话说得好，"不以善小而不为，不以恶小而为之"。"小善"是善，积小善也能成大善，小小的善举也能成为温暖社会的力量；但"小恶"也是恶，并不起眼的"小恶"积累起来，也会危害社会，毁掉社会的善良和美好。俗话说"小时偷针，大了偷金"、"千里之堤，溃于蚁穴"、"小洞不补，大洞吃苦"，讲的都是这个道理。坏事虽小，但它能腐蚀一个人的灵魂，日积月累，就会从量变导致质变，最后就会陷进犯罪的泥坑，成为可耻的罪人。所以别以为小错小误没关系，要知道小错小误正是大错特错的前兆，一个人犯错误，也往往是从并不起眼的小事开始的。宋代张君房在《云笈七签》卷九十中云："为小恶者，如积小以成大；从微至著，为一恶以至于万恶，一一而皆有祸应。"所以我们每一个人都应早些提高警惕，戒除"小恶"，大祸或许就能避免。

有时候，职工工作时间越长，资历越高，越不守纪律。他们觉得有些纪律是可守可不守的，自己这么多年一直没守不也没事吗？有经验就行了，就会安全了，甚至觉得死守纪律的人都是愚蠢的人，都是没有创造力的人。但毫无疑问，不守纪律往往会给他们也给公司带来巨大损失，一旦发生安全事故，甚至还会以生命为代价。

所以，"勿以恶小而为之"，只要是"恶"，不论多么微不足道的事，哪怕只是迟到早退、只是随地丢垃圾、只是老板不在的时候怠了一下工、只是违反了单位的组织纪律……也不要去做,也要学会自律,也要彻底杜绝。

## 7 增强职工文明素质,提高社会文明水平

文明涵盖了人与人、人与社会、人与自然之间的关系。它的主要作用,一是追求个人的道德完善,一是维护公众利益、公共秩序。而一个公民的公共文明水平,可以折射出一个社会一个国家的文明程度。一个人如果不讲文明,小的方面会影响自身形象,大的方面则很可能会影响国家声誉。

清末李鸿章出使俄国,在一公开场合,恶习发作,随地吐了一口痰,被外国记者大加渲染、嘲弄,丢尽了中国人的脸。这是一个不遵守社会文明的历史教训。

在今天也是一样。现在国际交流越来越频繁,中国人去国外旅游、学习、工作和定居的越来越多,而外国人到中国来旅游、观光、学习、工作和定居的也同样很多。在外国人的眼里,每一个中国人代表的都是中国,不论是在国外还是国内,不讲文明的行为丢的是中国脸。但这样"丢脸"的事却并不少见。

报载,在美国华尔街,中国游客看见那头代表"牛市"大黄牛,不是像其他国家的人一样友好地和它合影,而是一帮一地爬到牛背上骑着"牛"沾"牛气";

在巴黎卢浮宫,当游客屏气息声地观赏时,忽然一句洪亮的中国话响起:"蒙娜丽莎就在前面那个厅!快走啊!"紧接着,20多名中国人呼啸着奔来,别的游客根本甭想靠近。

法国迪士尼的栏杆设计成回字形，一些中国游客拉开栏杆就往里钻。其他国家的游客很愤怒，问："是哪个国家的?""当时，我们做领队的都不敢说自己是哪个国家的，太丢脸了。"

……

这样的例子太多，实在让人汗颜！滴水藏海，窥斑见豹，从一个人的表现看见的其实是他背后整整一个国家的文明素质和水平。如果社会文明程度很低，个人文明素质也不会高到哪里去；如果社会文明程度高，那么个人素质也会提高。这是基本的逻辑。

任何一种文明的形成，靠的都是点点滴滴的日积月累。而一种高尚文明的形成，尤其对生活于其中的每一个人，都有着莫大的价值，它将为生活的品质输入营养，将为生命的安全筑起高墙，当然也最需要每一个人的努力和奉献。每一个职工都应当拿出当仁不让的勇气，自觉成为提升社会文明水平的先锋，把文明意识和文明素质内化成为行为习惯，营造文明的良好氛围，并以自己的良好习惯影响周围的，这种影响的力量是巨大的。

史书载：虞、芮两国因领土争执发生纠纷，为免动干戈，两国国君一起去找西伯昌(后来的周文王)评理。可是他们一进入周国境内，看到人们无论走路还是耕作，都互相谦让，没有丝毫争吵的迹象；走进都城，只见街市繁荣，人来人往规规矩矩，老人儿童有人照料；进到王宫，更见那臣僚们职责分明、办事井然有序。感动得他们不好意思说是来评理的，只说是来与周国订立盟约的。于是，三个国家结成同盟，领土问题自然迎刃而解了。

古人云"近墨者黑，近朱者赤"，持续的影响是转变社会风气的最佳药方。良好的社会氛围和风气对人具有很强的影响力、感染力。在良好社会氛围和风气中，人们会很自然地受到感染和熏陶，对自己那些不文明的行为感到不好意思和歉疚，从而自觉地纠正不良行为习惯。

营造良好社会氛围和风气的过程，就是人们文明素质不断提高的过程。广大职工是社会的中坚力量，对于促进社会文明程度，提高社会文明水平，提升文明素质，营造文明氛围，自然也有着更多的责任和义务。只要每一个职工都从自身做起，从文明礼貌做起，近善远恶，助人为乐，友好宽容，重情有义，那么这些文明行为必然会对他人产生积极影响，形成良性循环。文明不仅能给自己带来快乐，也能给他人、社会带来愉快、温馨、和谐。每个人对于社会文明的进步都有重要的推动作用,每个人对社会文明的进步也都有不可推卸的责任,所以每一个人都应当负起自己应负的责任,在自己的岗位和自己的圈子里,为文明社会“献一份热,发一分光”,从一点一滴做起,严格自律,从而为讲文明礼仪营造良好社会氛围作出自己应有的贡献。

作为企业,更应当把职工素质建设工程作为提升职工文明素质的最好的契机,采取各种切实有效的措施、方法和途径,创造性地开展各项活动,扎扎实实推进职工素质建设工程的各项工作,提高职工社会文明素质。要大力宣传贯彻《公民道德建设实施纲要》,教育和引导职工恪守社会道德,提高广大职工知荣辱、讲正气、树新风、促和谐的文明素质;要广泛开展“建文明班组、创文明岗位、做文明职工”活动,紧密联系企业实际,以树立社会主义荣辱观、加强思想道德建设为核心,提全高班组、岗位、职工的道德水准和文明素养为目标,弘扬企业精神和培育职工职业精神为导向,构建学习型、创新型、和谐型班组,培养现代文明职工。在职工中广泛开展“建文明班组、创文明岗位、做文明职工”活动,可以全面提升班组、岗位和职工的文明素质,促进职工文明、班组文明、企业文明和社会文明。塑造职工文明形象,展示职工文明风采,引导职工团结互助、扶贫济困、平等友爱、诚实守信,全面提高职工的社会文明素质;要积极推动企业文化和职工文化建设,在文化建设中提高职工的文明素质。倡导科学、文明、健康的生活方式,大力开展群众性职工文体活动,丰富职工精神文化生活,陶冶职工情操,增强职工体魄,促进职工身心健康。工会应当经常组织职工观看或者阅读以宣扬社会文明为主题的电影、话剧、书籍,举办以提高职工协作意识、职工文明素质为目的的联欢会、体育竞技比赛;开展以社会主义荣辱观、中国工人伟大品格为内容的辩论赛和场景讨论会等活动;为强化职工文化阵地建设,可整合文化资源,以工人文化宫、俱乐部、“职工书屋”、活动室等为平台,根植企业、面向职工,打造一批贴近实际、贴近生活、贴近职工的文化精品,不断丰富基层文化体育活动的内涵,全面提升职工社会文明素质和综合素质。

只要社会的每一个人都在不断提升自己的文明素质,每一个人都散发出文明的气场,并影响到周围的人,社会文明程度的提高也指日可待。

# 第八章

# 加强修养完善自我，做一个优秀的新时代职工

全面实施职工素质建设工程，不仅是落实科学发展观、实现科学发展的内在要求，更是职工个人发展的需要。只有主动加强素质修养，提升个人素质，才能紧跟时代的步伐，做一个新时代的优秀职工，也才能促进自己的发展，实现自己的理想，收获自己的人生。

1

## 积极参与素质建设工程，全方位提高素质水平

开展全国职工素质工程建设，说到底，是为了全面提升广大职工的综合素质，促进和引导广大职工学习新知识，掌握新技能；营造尊重知识、尊重劳动、尊重人才、尊重创造的企业环境，为职工创造更多的学习机会和成才机会，塑造高素质的新时代职工，造就数以万计的高素质劳动者，打造一支新时代的高素质职工队伍，以全面提升企业竞争能力，保证和促进社会经济的持续发展。

在轰轰烈烈的全国素质工程建设中，企业、工会及各部门只能是引导和协调，为全面提升职工素质创造一切条件和基础，最根本最重要的，还是广大职工的自我学习，自我修养，自我完善和自我提升。

所谓“师傅领进门，修行在个人”。企业、工会甚至政府千方百计地教育和引导只是客观方面，起决定作用的还是职工，只有每一个职工积极参与职工素质建设工程，不断学习和提高自身的思想道德素质、科学文化素质、技术技能素质、民主法治素质、健康安全素质和社会文明素质，深入思考，刻苦磨炼，形成良好的工作作风和思想习惯才能使广大职工真正把各个方面的素质都提升起来，成为高素质的现代职工。可见，提高素质的关键在一个人的主观方面，在于加强修养，在于自我完善，在于自我提升。

那么，作为职工，怎样才能加强自我修养，完善自我，提升自己的综合素质，成为一个高素质的新时代优秀职工呢？

一要积极参与素质工程建设中去。对于企业开展的各种提升素质的学习、实践、竞赛、培训、文化、体育及娱乐活动，都积极参与，因为企业正

是通过这些活动来引导和提升职工的综合素质的。所以，一定要积极参与才能真正融入企业的素质建设工程活动中去，从而与大家同步，共同参与，共同进步，共同提高。

要充分利用工会职工书屋这个提高职工素质最好、最直接有效的平台和阵地，加强学习，并做到学有所思，学有所得，读一本有一本的收获，经常写读书笔记、写心得体会，以提高自己的读书热情，使自己的素质得以快速提升，并学会自我学习，促进自我成才；积极参与职工大讲堂、职工学校的各种培训活动，学习文化科学知识，提升科技文化素质；积极参与企业或行业开展的各种劳动竞赛、技能工种大赛等，对各种业务大学习、岗位大练兵、技术大比武也积极参与，全面提高自己的岗位创新能力和技术技能素质；对各种与健康、安全及法律法规、社会文明相关的讲座、培训和文化活动积极参与，多听好人好事，多学模范事迹，多依法律办事，多想安全健康，让自己成为一个思想道德素质过硬、科学文化素质全面、职业技术技能水平高超、知法懂法、文明礼貌的新时代优秀职工。

二要愿学习、会学习、善学习，在学习中提高自己的综合素质。要善于向书本学习，提高自己的科学文化知识；要善于向同事学，“见贤思齐，见不贤而自内省”，学习别人的长处，反省别人的短处，自省自励，不断修正自己的错误，完善自己的人格，增长自己的才干；向实践学，善于总结经验领悟教训，不断积累，从而使自己不断进步，全面提升自己的综合素质。

三要正确对待工作，在工作中进步，在工作中提升自己。工作无贵贱，任何工作都有重要的意义，都值得我们好好珍惜。工作不仅是我们养家糊口的重要平台，更是我们实现人生价值的直接舞台，工作绝不是为了别人，而是为了我们自己。不论是我们努力或者不努力，认真或是不认真，工作的后果都会由我们自己承担。只有对工作有了一个正确的认识，才不会对工作产生抵触心理，才不会挑轻拣重，拒脏怕累，才不会拖拉懈怠，懒散消极。也只有认真对待每一份工作，竭尽全力把工作做到最好，才能真正从工作中学到珍贵的工作经验，领悟到宝贵的人生体验，学到有用的技能，才能真正实现人生的价值，找到人生的方向，才不会后悔。

四要提升自我修养。一要提升思想道德修养。要爱国，国是我们的根本，不爱国的人，不配做一个公民，也不配做一个职工。要有正确的人生观、价值观、世界观、金钱观、事业观、名利观，不为了名利或金钱出卖自己的道德和良心；二要提升文学艺术修养。古人说：“腹有诗书气自华。”

就是说，饱读诗书的人，气质会特别不一样。我们在外面碰到一个人，哪怕从未见过，也能很快判断出他是一个雅人还是一个俗人。俗话说："秀才不出门，能知天下事。"怎么知道的？读来的呗！比如读《红楼梦》，你即使没在封建社会生活过也知道了封建社会的发展规律、人性的弱点。读《人间喜剧》，你即使没到过法国也知道了法国的民俗风情、历史地理。这就是读书的好处。历史宗教修养也很重要。《增广贤文》说："观今宜鉴古，无古不成今。"了解历史，才能汲取经验，鉴照未来；了解宗教，才能更好地尊重各个宗教的教义，消除偏见和矛盾，促进和睦相处。

五要学会自我完善。提高素质不是一朝一夕的事情，要用自己毕生精力去完成，要靠实践锻炼，靠平时养成，更要靠自我去完善，去提高。要做到"三个自我"，即从我做起，战胜自我，超越自我，从而完善自我。一是从自我做起，每个人加强修养的第一步就是要"慎独"、自律、严格要求自己，克服狭隘的个人主义和功利思想，在实践中从我做起，从现在做起，从小事做起，从严做起。俗话说：千里之行始于足下，于细微处见精神。首先要增强职业意识、责任意识、安全意识，一切养成要从实际出发，从工作出发，从岗位出发，学习和提升自己的职业意识，锻造过硬的职业精神。二是战胜自己，每个人都要有责任感和荣誉感。要克服自身的惰性，每天都应该有新的收获、新的进步、新的贡献。特别是在困难面前更要有冲上去的信心和勇气。不能被自己的一些坏习惯影响。比如工作马虎粗心，爱找借口，习惯拖延，不负责任等等，这些坏的习惯要学会自我克服，这就需要我们以超常的毅力战胜自己，改掉这些毛病，完善自己。三是超越自我。要在学习和工作中标准一定要严，要求要高，特别要注重培养和锻炼自己的创造精神和超前意识。哈佛大学校长说："二十一世纪人才，一流与三流的分水岭是什么？是创造！"这种创造性就表现为学习和工作中充分发挥主观能动性，勤于思考，大胆探索，敢于创新，超越自我。有永不停步和永远向前的决心和毅力，一直向着更高更远的目标前进。

全面实施职工素质建设工程，不仅是落实科学发展观、实现科学发展的内在要求，更是职工个人发展的需要。只有主动加强素质修养，提升个人素质，才能紧跟时代的步伐，做一个新时代的优秀职工，也才能促进自己的发展，实现自己的理想，收获自己的人生。

2

## 立足工作岗位,在工作中不断提升自己

工作是我们最好的学习和提升的场所。在工作中学习,在学习中进步,正是广大职工提升自己的职业技能和综合素质、完善自我、提升自我的绝佳途径。

如果你能认识到这一点,而且已经怀着一颗学习之心来面对工作,你就会发现,工作使你天天进步,天天成熟,天天成长,天天提升。每一次工作都是成长的机会,都会带来进步,都会使自己的职业技能、职业素养得到提升。

小李是物业公司的电工,刚上班没多久,经验不足,胆子也不够大。但是一年以后,他却完全变了,不仅成为了物业公司的技术标兵,而且走到哪里就把欢笑带到哪里,成为小区里最受欢迎的物业人。如此快速的变化原因在哪里?听听小李自己的话就明白了:

我是在工作中学习和成长起来的。在学校时只是学习了一大堆的理论知识,但实际的操作经验少之又少。但工作的过程中让我学到了很多专业的技巧,有些甚至是自己边工作边摸索出来的,因而掌握得特别牢固。比如有一次,小区的电路坏了,我去修。

第一次:怀疑是电缆分线井接头漏电原因造成漏电接地跳闸,通过防水措施处理,通过下雨天检验,依然跳闸;第二次:怀疑是配电屏总开关坏了,更换总开关后通过下雨天检验,依然跳闸;第三次:通过万用表和接地摇表检测,电缆断开状态,发现是火线(红色)和零线(蓝色)电阻不达标(2.6MΩ),检测电缆长度210米,闭合状态无电流。最后终于明白是主电缆出了问题,因电缆直接埋于地下(局部在硬化的砼路面透水砖下)。问题找到了，解决问题就不难了。

就是这样，每次都亲自现场检查并检修，在工作中既重温了理论，又熟悉了仪器性能，增长了独立处理电力常见问题的处理能力，使自己的专业技能越来越强。

同时，由于我以前性格内向，不太爱做声，小区的大爷大妈们却像待自己的儿子一样待我，时刻关心我的一切，让我觉得很感动，要是不和他们多说说话，我都觉得对不起他们。时间长了，人也熟了，我的话也多了，和他们相处更融洽，他们也就更喜欢我。我给人的感觉也变成了一个活泼开朗、爱笑爱说的年轻人了。

能力是职场的铁律。不管在什么行业、什么企业、什么岗位、做什么工作，能力第一，永远是你受到重用、取得成绩、获得发展的唯一前提。可能会有人说，不，除了能力，还有比能力更重要的，比如忠诚，比如勤奋，比如热情，比如责任心，比如主动性……是的，是的，你说得都对，这些素质有时是显得比能力还重要，但是问题是，不管这些素质在工作中、在老板的脑袋里藏了多久，最后落到实处的、最为重要的，还是一能力。没有能力，根本进入不了职业工作岗位，更谈不到进入管理岗位。经济的快速发展，知识快速大爆炸，职场对人才要求标准越来越高，每个职业人，都将面对职场上“质”与“量”的双重压力，职场是“唯有能者为英雄”的战场，必须靠本事、凭能力来立足。那些才能平庸的员工，对工作把握不住，主攻方向不明；工作效率低下，这些人整天忙忙碌碌，哪里有事到哪里，但是忙不出什么效果，甚至急得像一团乱麻，越忙越理越乱，可就是看不出半丝的成绩。这种员工，就算勤奋，就算努力，有的也不过是苦劳，而不会有功劳。

在海尔，考核员工只看业绩，以绩效论英雄，真正做到“能者上、平者让、庸者下”。每年年终，总有一部分中层干部因完不成市场任务而落马，又总有一批超额完成市场任务的新秀走上领导岗位。“能者上、平者让、庸者下”在海尔司空见惯，习以为常。2002 年年度干部综合考核结果：升迁 27 名、轮岗 9 名、整改 4 名、警示 2 名、降职 3 名、免职 1 名，整改、警示、降职、免职的干部占总数的 11%，年度干部调整的总数占干部总人数的 51%。

联想集团有个很有名的理念：“不重过程重结果，不重苦劳重功劳。”

这是写在《联想文化手册》中的核心理念之一,这个理念正是对一个职工能力和素养的高度肯定,对业绩的高度肯定。没有业绩,没有与岗位相配的职业素质和能力,没有干出令企业得益的成绩,再怎么苦干也不过是徒劳无功的白费力气。

工作使人成长,工作使人成熟,工作使职工天天进步,天天提升,从生涩的毛头小子成长为技术精熟、人格完善、素质完美的优秀职工。所以,要想有所成就,要想出类拔萃,出人头地,在职场取得一番自己的成绩,就一定立足自己的岗位,积极投入到全国职工素质建设工程中去,在各种素质提升活动中,在自己的岗位工作中,不断提升自己,练出高超的专业技能,打造过硬的职业素质,才能真正成为一个优秀的现代职工。

## 3 不断完善自己,做一个优秀的新时代职工

职工素质的提升不是一蹴而就的,而是一个长期学习和积累的过程。需要广大职工在学习中提高,在实践中进步,坚持学习,不断实践,与时俱进,不断完善自己,才能真正成为现代化的高素质职工人才。

要完善自己就必须要先认识自己,知道自己的优势和劣势,明白自己的长处和短处,对于自己的长处要知道自我赞赏,知道哪些方面应当发扬光大。对于不足更要清楚,要学会自我责备、自我批评,不断改变自己,并有针对性地接上自己的"短板",拉伸自己的强项,使自己全面发展。如果能这样不断扬长避短,不断补充新的知识,不断完善自己,任何一个人都会不断提高,越来越优秀。

小凤毕业后没多久,就应聘到一所知名的职业学校做校长办公室秘书,负责起草文件、对外宣传,以及一些日常接待工作等等。同一办公室还有其他三位同事。校长在场时,大家都表现得工作很投入；校长不在时，同事们就放松下来，在微机上玩玩游戏，侃侃奇闻逸事等。她因为初来乍到，很有自知之明，没有随大流，一空闲下来，就想一想领导交办的事项有没有未办妥的，自己还欠缺哪方面的知识，然后抓紧时间进行“修炼”。

小凤先从了解学校各科室的职能做起，对照学校的远景规划和年度工作目标、了解熟悉学校每项工作的进展情况，并对今后的工作作出前瞻性的预测和判断，以此提高自身的素养。在遇到较融洽的机会时，她就把自己成熟的想法向领导作出适当的汇报。有时，虽然言语不多，但句句实在；又有自己的独立思考，让领导感觉出她是个默默奉献、踏实认真的人。与领导一块出差或工作时，她则处处做个有心人。一次，小凤与校长坐车去见一位与学校联合办学的公司总经理，签一个重要的合同。当他们签合同时，外面下起了小雨，她从司机处得悉车上没伞，便立即掏出钱给司机，让他赶快到附近的商店买一把雨伞。等校长签完合同与合作方从宾馆里走出来时，雨下得正急，小凤赶紧跑几步，将伞递给校长，校长从容地为对方的总经理打伞，送其上车。事后，校长对小凤的办事能力刮目相看。平日里与同事相处，小凤更是真诚待人，获得了不错的人缘。

小凤在学校干了四年，第一年做的是普通职员，第二年升任办公室副主任，第三年由副转正，第四年出任校长助理。而后小凤在猎头公司的介绍下进了一家著名企业。

很多像小凤一样刚走出象牙塔走向社会的大学生们，没有经验，没有技术，空有满脑子理论，正是需要在工作中积累经验、提高技能、广聚人脉、不断提升和完善自己的阶段。但是却并非每个人都像小凤一样聪慧和上进，很多初入职场的职工根本没有认识到这一点，自以为是“天之骄子”，吃不了苦，受不了累，做事浮躁，满腹牢骚，抱怨说工资太低了，挣的钱不够自己生活，更不用谈以后结婚啦、买房啦；抱怨工作太累了，长了这么大也从来没受过这样的苦累呀；要不是就是抱怨自己怀才不遇，没有受到企业的重用，甚至因引而消极怠工，失去激情。这对于他们的自我成长和职场生涯无疑是非常不利的。要知道，企业不可能重用一个眼高手低、只会说不会做、不能踏踏实实做事的员工的。只有不断地发现自己的不足，并不断地弥补这些不足，不断地完善自己，提高自己的岗位能力，积累

丰富的岗位工作经验，提升自己的职业素养和综合素质，才能真正成为企业最想要的人，素质高的人。

不断放大你的优点，缩小你的缺点，你就会不断完善自己，不断提升自己，并最终成为一个最优秀的人！

罗国洲是一名有30年工龄的普通员工。从烧锅炉到司炉长、班长、大班长，他一直在锅炉运行岗位上工作着。后来，他当上了锅炉技师，成为远近闻名的锅炉"点火大王"和锅炉"找漏高手"。

罗国洲有一双听漏的"神耳"，只要围着锅炉转上一圈，他就能在炉内的风声、水声、燃烧声和其他声音中，准确地听出锅炉哪个部位的管子有泄漏声；往表盘前一坐，他就能在各种参数的细微变化中，准确判断出哪个部位有泄漏点。这些，正是他三十年来认真工作、总结经验、积累经验的结果。

除了找漏，罗国洲还练就了一手锅炉点火、锅炉燃烧调整的绝活。在用火、压火、配风、启停等多方面都有独到见解。锅炉飞灰回燃不畅，他提出技术改造和加强投运管理建议，实施后使飞灰含碳量平均降低到8%以下，锅炉热效率提高了4%，为企业每年节约32万元。

后来，针对锅炉传统运行除灰方式存在的问题，罗国洲又提出"恒料层"运行的方法，经实施，解决了负荷大起大落的问题，每年节约200多万元。

是岗位成就了罗国洲，是工作锻造了罗国洲。像这样技能高超、素质优异的"岗位技术能手"、"行业标兵"，哪个企业也不会舍得放走，在哪个企业都会有一番作为，都会受到重用和青睐。

成功的人生，需要自己用心去经营；成功的职场，更需要我们用心去打理。全国职工素质建设工程只是一个引子，只是一个契机，只是为我们提高自己、完善自己指出了一条路。真正要全面提升自己，更需要我们自己努力，不断完善自己，不断提升自己，不断进取，不断进步，不断学习，不断充电，不断提高自己各方面的能力，才能真正成为新时代的优秀职工，成为高素质人才队伍中的一员，才能让自己的职场之路更顺利，让自己的人生之路更美好。

# 附 录

## 1.《全国职工素质建设工程规划(2010—2014 年)》

中华全国总工会关于印发《全国职工素质建设工程五年规划(2010－2014 年)》的通知

各省、自治区、直辖市总工会,各全国产业工会,中共中央直属机关工会联合会,中央国家机关工会联合会,全总各部门、各直属单位:

现将《全国职工素质建设工程五年规划(2010－2014 年)》印发给你们,请结合工作实际,围绕《规划》目标任务分解指标,研究制定本地区(本系统)实施职工素质建设工程的阶段性规划和实施方案,并及时总结成功经验,广泛收集典型案例和创新模式,积极探索推进职工素质建设工程的新思路、新机制、新方法和新途径,全面推进职工素质建设工程科学规范有序地健康发展。

中华全国总工会 2010 年 4 月 8 日

**全国职工素质建设工程五年规划(2010－2014 年)**

为全面贯彻落实胡锦涛总书记关于要充分发挥工会"大学校"作用,把提高职工队伍整体素质作为一项战略任务抓紧抓好的重要指示精神,深入实施科教兴国和人才强国战略,培养和造就一支适应时代要求的高素质职工队伍,实现全面建设小康社会奋斗目标的新要求,根据全国总工会《关于充分发挥工会"大学校"作用,提高职工队伍整体素质的决议》和《关于全面实施职工素质建设工程的意见》的部署要求,特制定《全国职工素质建设工程五年规划(2010—2014 年)》。

**一、指导思想**

高举中国特色社会主义伟大旗帜,以邓小平理论和"三个代表"重要思想为指导,深入贯彻落实科学发展观,围绕中国工会十五大提出的目标任务,坚定不移地走中国特色社会主义工会发展道路,充分发挥工会"大学校”作用,以社会主义核心价值体系建设为主线,以提高职工思想道德素质、科学文化素质和技术技能素质为重点,大力弘扬中国工人伟大品格,促进职工全面发展,打牢团结奋斗的共同思想基础,为推动科学发展、促进社会和谐,实现全面建设小康社会宏伟目标提供智力支持和人才保证。

**二、目标任务**

从 2010 年起,各级工会要以加快培养和造就一支宏大的高素质职工队伍,作为工会推动加快经济发展方式转变、加快提高自主创新能力的重要切入点,通过全面实施全国职工素质建设工程,使职工队伍理想信念更加坚定,职业道德建设更加深入,科学知识更加普及、技术人才结构更加合理,职工教育培训机制更加完善,职工文化和企业文化更加繁荣。

——加强思想道德素质建设。坚持用马克思主义中国化的最新理论成果教育职工,用中国特色社会主义共同理想凝聚力量,用以爱国主义为核心的民族精神和以改革创新为核心的时代精神鼓舞斗志,用社会主义荣辱观引领风尚,实现对职工的科学理论体系教育、形势政策教育、爱国主义教育、中国工人伟大品格教育、劳模精神教育、职业道德教育、民族团结教育等全覆盖。

——加强科学文化素质建设。全面推动职工科学文化素质建设,通过各类科学文化知识的教育、传播与普及,引导职工树立科学理念,掌握科学知识,运用科学方法,提高科学水平。实现各类科学文化教育活动覆盖率达到 80%以上,使 1000 万以上职工提升学历层次。命名 4000 个基层职工教育培训示范点,重点扶持其中 500 个优秀示范点建设。建设 5000 家全国工会“职工书屋”示范点,带动各级工会建设 50000 家以上“职工书屋”。

——加强技术技能素质建设。围绕经济社会发展和科技进步要求,积极探索产教结合的人才培养模式,满足企业发展对专业技术人才的需求。广泛开展群众性职业技能培训和劳动竞赛,引导职工不断提高技术技能水平和技术创新能力,实现各类技术技能培训和劳动竞赛、岗位练兵活动覆盖率达到 85%以上,使 2000 万以上职工提升技术等级。实施 1000 万以上城镇下岗失业人员和农民工转岗就业培训、自主创业培训和职业技能培训。

——加强民主法治素质建设。倡导和谐理念、培育和谐精神，积极推动基层民主法治建设，广泛开展多种形式的法制宣传教育，推进法制宣传教育下基层、进企业、进班组，增强职工民主参与、民主管理和民主监督的意识，提高职工依法理性表达诉求能力，建立健全舆情预警机制，推动职工队伍与社会稳定，实现各类普法宣传教育覆盖率达到 90%以上。

——加强健康安全素质建设。倡导健康安全卫生理念，普及健康安全知识，引导职工提高安全生产与身心健康意识，自觉遵守安全生产与劳动保护条例，增强职业病防治与安全生产能力，实现各类群众性安全健康卫生教育和“安康杯”竞赛活动覆盖率达到 80%以上。提升健康生活指数，动员 70%以上职工参加全民健身活动。

——加强社会文明素质建设。积极推进企业文化和职工文化建设，努力探索富有时代特点、符合文化发展规律、适应企业发展需求与职工精神文化需求的企业文化和职工文化新机制和新格局。深入推动社会主义精神文明创建，引导职工自觉践行社会主义荣辱观，全面提升职工队伍文明素养，促进社会主义文化大发展大繁荣。实现各类群众性社会主义精神文明创建活动覆盖率达到 90%以上。

**三、实践活动**

(一)坚持不懈地抓好职工思想道德教育活动。

以社会主义核心价值体系建设为主线，广泛开展各类主题教育活动，以理想信念、科学发展、形势任务、中国工人伟大品格、劳模精神、民主法制、优良传统等为主要内容，每年设立相应主题，通过开展形式多样的主题教育活动，全面推进社会主义核心价值体系宣传教育大众化、通俗化、经常化。以职业道德建设为重点，广泛开展“讲文明、铸诚信、树新风”活动，大力倡导“爱岗敬业、诚实守信、办事公道、服务群众、奉献社会”的职业道德观，引导职工提高职业道德意识、陶冶职业道德情操、实践职业道德规范。加强职工思想政治工作，把做好职工的思想政治工作与解决职工实际困难有机地结合起来，把宣传教育职工与服务职工结合起来，使思想政治工作更具感染力和说服力。

(二)坚持不懈地抓好职工学习活动。

深入开展“创建学习型组织，争做知识型职工”活动，不断创造新形式，赋予新内容，培育不同类型、各具特色的学习型团队和学习型班组，造就一大批掌握创新知识、创新技能、创新本领的知识型职工。深入开展职工读书活动，倡导和组织职工多读书、读好书，推进“职工书屋”建设，运用读书节、读书月、读书会、读书征文、学习讲坛、专题讲座等多种形式，不断提高职工队伍科学文化素质。鼓励职工自学成才，努力做到集中学习与自我学习相结合，岗位培训与学历教育相结合，自费学习与单位资助学习相结合，引导职工积极参加各类成人教育、继续教育和职业培训，为职工自学成才创造条件。

（三）坚持不懈地抓好职工劳动竞赛和技能培训活动。

深入开展社会主义劳动竞赛，以“工人先锋号”创建活动为载体，通过岗位技能培训、岗位练兵、技能比赛等多种形式，引导职工积极参与合理化建议、技术革新、技术协作和职工小发明、小创造、小革新、小设计、小建议等“五小”活动。探索工学结合、校企合作的人才培养模式，引导各类职业学校按需施教、定向培训，鼓励企业为学员实习实训创造条件。推动就业准入制度，落实“先培训、后上岗”的规定。建立职工素质档案和企业优秀人才信息库，加强各类人才特别是创新人才的培养。积极推广“首席技师”、“金牌工人”、劳模和技能人才工作室等做法，加快培养企业急需的知识技能型、技术技能型、复合技能型人才，形成梯次合理、素质优良、新老衔接、能够适应科技发展和技术进步要求的技能人才队伍。深入开展具有行业特点和性别特点的劳动技能竞赛活动，引导职工学习新知识、掌握新技能、参与新实践，为推动经济发展方式转变和经济结构调整贡献聪明才智。

（四）坚持不懈地抓好职工法制宣传教育活动。

以“五五”普法和“六五”普法为抓手，以《宪法》、《劳动法》、《工会法》、《劳动合同法》、《妇女权益保障法》等法律法规的宣传教育为重点，在职工中广泛普及法律知识，引导职工知法、懂法、守法、用法，促进职工依法行使权利、履行义务，自觉用法律规范行为。组织职工积极参与企业民主管理，通过职代会、厂务公开、集体合同等制度，依法维护自身合法权益，理性表达利益诉求，不断提高职工民主法治意识。结合国家普法规划，深入开展以“学法律、讲权利、讲义务、讲责任”为主要内容的职工法制宣传教育，采取职工易于接受、行之有效的形式，开展法制宣传教育活动，把学习与宣传、普法与教育、学法与用法有机结合起来，巩固普法成果。

(五)坚持不懈地抓好职工健康安全卫生宣传教育活动。

广泛开展"安康杯"竞赛活动,加强安全生产的法律法规、政策宣传和知识普及,深入宣传有关安全生产法律法规及规章,引导职工增强安全生产责任感,自觉遵守安全生产制度,贯彻安全生产标准,推进安全生产实践。提高职工安全生产意识和职业病防治能力,普及职工安全健康卫生知识,增强职工劳动保护、安全卫生、女职工"四期"保护和身心健康意识。实施身心健康教育,加强人文关怀和心理疏导,动员和组织职工积极参与全民健身活动,增强职工参与健身的自觉性,提高职工身体素质。

(六)坚持不懈地抓好精神文明创建和职工文化活动。

继续宣传贯彻《公民道德建设纲要》,积极倡导知荣辱、讲正气、树新风、促和谐的文明风尚,广泛开展"建文明班组、创文明岗位、做文明职工"活动,引导职工团结互助、扶贫济困、平等友爱、诚实守信。积极推动企业文化和职工文化建设,以工人文化宫、俱乐部、"职工书屋"、活动室为载体,不断丰富基层文化体育活动的内涵。根植企业、面向职工,打造一批贴近实际、贴近生活、贴近职工的文化精品,满足职工日益增长的精神文化需求。积极组织职工志愿服务活动,不断壮大职工志愿者队伍,使之成为良好社会风尚的倡导者、传播者和实践者。

**四、保障措施**

(一)加强组织领导。建立全国职工素质建设工程领导小组办公室,负责全国工会系统职工素质建设工程的总体规划、统筹协调和工作实施,领导小组办公室日常工作由宣教部负责。各地工会要在党委的领导下,结合本地工作实际,建立领导机构,制定工作目标,并协调各方面的力量和资源共同推动职工素质建设工程,努力形成党委领导,政府支持、工会牵头、社会参与的职工素质建设工程工作格局。

(二)完善管理机制。加强对职工素质建设工程的全过程管理,逐步形成绩效考核一体化的管理模式。积极参与制定各类鼓励职工提升素质的政策法规,为职工学习成才提供法律依据和制度保障。逐级量化工作目标,明确工作内容、规范职责分工,并纳入各级工会领导干部管理考核范围。要从转变工作方式入手,积极主动争取党政重视和支持,充分利用社会资源,整合工会内部资源,坚持区别情况,分类指导,以点带面,务求实效。定期表彰奖励在职工素质建设工程中涌现出来的先进典型,及时

推广交流基层创造的新经验、新成果。

(三)抓好阵地建设。整合各类教育培训资源,办好工会各类职工院校、企业职工学校、农民工学校、女职工培训示范学校和职工技能培训基地,为增强职工的岗位实践能力、创新能力和就业能力,打造多样化、广覆盖、开放式的晋级平台。积极争取将工人文化宫、体育场、俱乐部、职工学校、“职工书屋”等工会文化教育培训阵地纳入公共文化教育管理体系。充分发挥各类工人报刊和工会网站的作用,建设一支职工网络评论员队伍,使之成为职工教育、舆论宣传和维护职工权益的重要阵地和力量。

(四)加大资金投入。加大对职工素质建设工程的专项资金投入,各级工会要从本级工会经费预算中安排一定数量的专项经费用于职工素质建设工程,重点用于职工文化教育、技能培训和阵地建设。积极争取各级政府对职工教育培训的政策和资金支持。按照法律法规和有关文件规定,推动和督促企业把工资总额的1.5%-2.5%的职工教育培训经费的足额提取和使用纳入集体合同,通过职代会、厂务公开等形式,加强职工群众监督,确保经费总额的60%以上用于一线职工教育培训。

(五)创新工作方式。运用现代远程教育,建设以卫星、电视和互联网等远程开放继续教育服务平台,为职工提供方便、灵活、个性化的学习条件。大力推动职工继续学习和终身学习,满足职工多样化的学习和发展需要,探索继续教育学分积累与转换途径。建设以中工网为依托的全国职工教育专题网站,开办职工教育培训专题网页和栏目。组织编写制作适合职工素质提升需要、体现工会特色的职工教育培训教材和职工读物。建立适应多层次需求的师资骨干队伍。积极开展调查研究和督促检查活动,努力将各项工作落到实处。

(六)扩大舆论宣传。积极协调各类主流媒体,加大对职工素质建设工程的宣传力度,扩大职工素质建设工程的社会影响力。充分发挥以工人日报为龙头的工人报刊、网站的舆论引导作用,广泛宣传职工素质建设工程中的先进经验和先进典型,加大对有突出贡献高技能人才的宣传表彰力度,形成人人参与素质工程建设的良好社会氛围。各省、自治区、直辖市总工会要按照本《规划》的精神,结合实际,制定贯彻落实的具体措施。

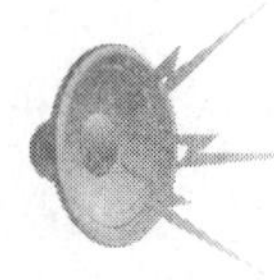

## 2. 健康生活小常识

1. 常吃夜宵,会得胃癌,因为胃得不到休息。

2. 一个星期只能吃四颗鸡蛋,吃太多,对身体不好。

3. 鸡屁股含有致癌物,不吃较好。

4. 饭后吃水果是错误的观念,应是饭前吃水果。

5. 早上吃水果是金,中午吃水果是银,晚上吃水果是铜。

6. 喝豆浆时不要加鸡蛋及糖,也不要喝太多。

7. 空腹时不要吃番茄,最好饭后吃。

8. 早上醒来,先喝一杯水,预防结石。

9. 睡前三小时不要吃东西,会胖。

10. 少喝奶茶,因为高热量、高油、没有营养价值可言,长期饮用,易患高血压、糖尿病等疾病。

11. 刚出炉的面包不宜马上食用!

12. 远离充电座,人体应远离 30 厘米以上,切忌放在床边。

13. 天天喝八杯水。

14. 每天十杯水,膀胱癌不会来。

15. 白天多喝水,晚上少喝水。

16. 一天不要喝两杯以上的咖啡,喝太多易导致失眠,胃疼。

17. 多油脂的食物少吃,因为得花 5～7 小时去消化,并使脑中血液集中到大肠,易昏昏欲睡。

18. 下午五点后,大餐少吃,因为五点后身体不需要那么多能量。

19.10 种吃了会快乐的食物:深海鱼、香蕉、葡萄柚、全麦面包、菠菜、大蒜、香瓜、低脂牛奶、鸡肉、樱桃。

20. 睡眠不足会变笨,一天须八小时睡眠,有午睡习惯较不会老。